팀 오토메이션

팀 오토메이션

발행일   2026년 4월 3일

지은이   구자봉
펴낸이   손형국
펴낸곳   (주)북랩

출판등록   2004. 12. 1(제2012-000051호)
주소   서울특별시 금천구 가산디지털 1로 168, 우림라이온스밸리 B동 B111호, B113~115호
홈페이지   www.book.co.kr
전화번호   (02)2026-5777   팩스   (02)3159-9637

ISBN   979-11-7598-217-8 03320 (종이책)   979-11-7598-218-5 05320 (전자책)

작가 연락처 문의 ▸ ask.book.co.kr

전용 게시판에 문의를 남기시면 저자에게 직접 전달됩니다.

(주)북랩 성공출판의 파트너

북랩 홈페이지와 SNS에서 다양한 출판 솔루션을 만나 보세요!

홈페이지 book.co.kr   •   **블로그** blog.naver.com/essaybook   •   **출판문의** text@book.co.kr
카톡채널 북랩

탁월한 팀을 만드는
5가지 운영 원칙

팀 오토메이션

TEAM AUTOMATION

구자봉 지음

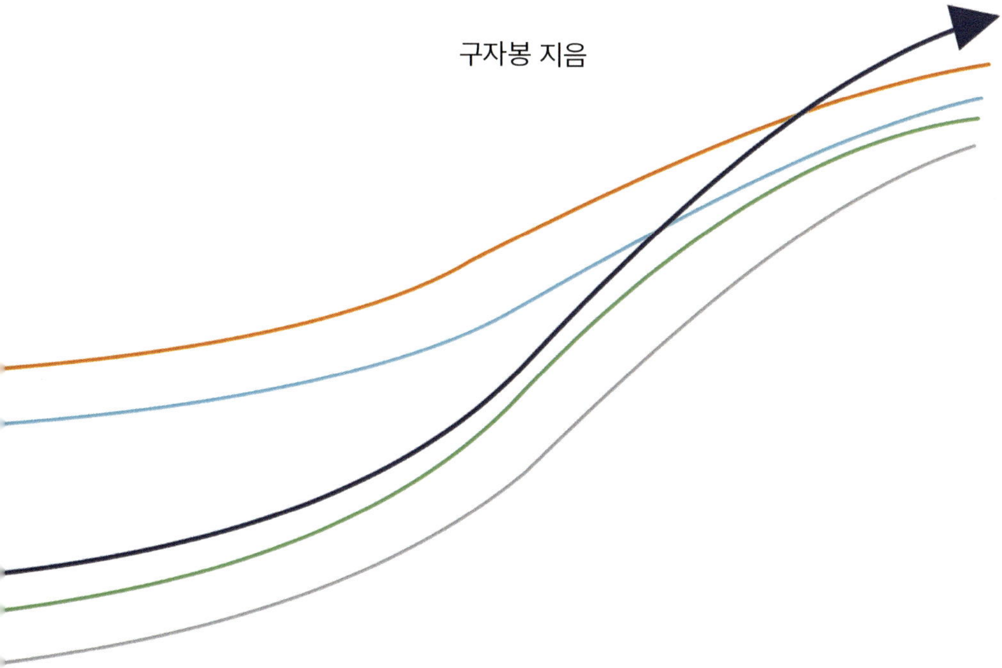

북랩

차례

PART 2

『팀 오토메이션』 실행 모델: A5-Loop 운영 체계™

PART 3
팀 운영 자동화: 4개의 장치로 '스스로 굴러가게' 만들기

PART 4

리더 오토메이션: 리더십을 '감각'이 아니라 '루틴'으로 만들기

PART 5

확장과 유지 보수: 전사 운영 자동화는 '루프'로 굴러간다

11장. U-D-E 90: 90일에 운영 체계를 도입하고 정착시키는 실행 로드맵 203

마무리하며 226

참고·출처(핵심 인용) 242

들어가며

당신의 팀은 시스템으로 운영되는가, 리더의 의지로 버티는가?

이 책에서 말하는 팀 오토메이션은 AI 기술이 아니다. 사람이 바뀌어도 성과가 재현되도록 만드는 '팀 운영 루틴'의 자동화다. 즉, '더 열심히'가 아니라 '덜 헷갈리게' 일하도록 불필요한 인지 부하와 조정 비용을 줄이는 운영 체계를 설계하는 일이다.

많은 리더가 OKR, 애자일, KPI, 협업 툴 같은 최신 '앱(App)'을 팀에 설치하려고 한다. 하지만 조직의 운영 체제(OS)가 구 버전(위계, 구두 보고, 기억 의존)이면, 아무리 좋은 앱도 버벅거리고 팅길 수밖에 없다.

팀 오토메이션은 앱을 더 설치하는 프로젝트가 아니다. 낡은 OS를 업데이트해 '목표-결정-진척-학습'이 끊기지 않게 만드는, 팀 운영의 기초 운영 체제를 설계하는 일이다.

이 책은 당신을 더 성실한 리더로 만들려는 책이 아니다. 오히려 리더가 덜 개입해도 팀이 더 빠르게 움직이게 만드는 '운영 설계'에 관한 책이다.

이 시스템은 당신의 일을 늘리기 위해 만드는 장치가 아니다. 리더와 팀원이 불필요한 '기억 노동'과 '눈치 노동'에 소모되지 않도록, 운영을 시스템에 외주 주기 위한 장치다. 그래서 팀 오토메이션이 자리 잡으면 리더는 더 바쁘게 뛰는 사람이 아니라, 결정과 방향에 집중하는 '여유 있는 리더'가 된다. 한마디로, 팀 오토메이션은 리더가 '게을러지기' 위해 만드는 기술이다. 게으름은 방임이 아니다. 불필요한 개입을 줄이고, 예측 가능한 운영을 만드는 선택이다.

고성과는 '사람'보다 효과적 '운영'에서 반복된다

그런데 이상하다. 모두가 이렇게 바쁜데도 성과는 좀처럼 누적되지 않는다. 바쁨이 늘수록 속도는 느려지고, 회의가 늘수록 결정은 줄어든다. 어느 순간 조직은 이렇게 말한다.

업무는 끊임없이 이어지는데, 일의 앞은 잘 보이지 않는다. 오전에 잡은 방향이 오후에 바뀌고, 어제의 결론은 오늘 아침 "한 번만 더 확인하자."로 되돌아온다. 팀 채널에는 수정본이 겹겹이 쌓인다. 파일명은 늘 이렇게 끝난다. 'v3, v3_final, v3_final2'.

이 불편한 감각은 우연이 아니다. 바쁨이 늘수록 속도가 느려지는 이유는, 팀이 같은 목표·결정·진척의 기준을 공유하지 못한 채 '조정 비용'을 계속 지불하기 때문이다.

"요즘 다들 몰입을 못 해."

"책임감이 부족해."

"동기 부여가 안 돼."

"주인의식이 필요해."

하지만… 정말 그게 문제의 본질일까?

필자는 삼성·LG를 포함해 대기업과 중소기업 현장을 오가며 조직 문화·HR 컨설팅을 수행했고, OKR·성과·보상·평가 체계를 설계해 왔다. 또한 '일하기 좋은 일터' 인증 심사위원으로 수많은 조직의 제도와 일하는 방식을 가까이에서 점검해 왔다. 그 경험이 말해 준 결론은 단순하다.

직원이 무능한 것이 아니다. 조직의 설계가 잘못된 것이다. 이 책은 뜬구름 잡는 이야기를 뺐다. 당장 내일부터 쓸 수 있는 '도구'만 담았다.

현장에서 반복해서 확인한 사실도 같다. 사람을 다그치면 잠깐 움직이지만, 운영 기본값을 바꾸면 성과가 반복된다. 좋은 사람만으로는 변화가 지속되지 않는다. 유연한 조직도 함께 공유하는 '명확한 원칙'이 깔려 있다. A5-Loop는 그 명확성을 캘린더와 문서, 회의와 대화의 기본값으로 옮기는 실전 설계다.

OKR, 일하는 방식, 조직 문화는 각각 따로 바꾸는 프로젝트처럼 보이지만, 실제로는 하나의 운영 프로세스에서 함께 움직인다. 특히 '도전적 목표'는 목표 문장보다 실천적 운영 루프가 결정한다. 이 책의 A5-Loop(Align-Agree-Act-Archive-Appreciate)는 목표 수립(OKR, KPI)부터 실행 촉진(리듬, 툴), 피드백(1on1, 수시), 학습·기록(자산화)까지를 한 흐름으로 묶어 '캠페인'이 아닌 '기본값'으로 만드는 방법을 다룬다.

대부분의 조직은 의지가 부족한 게 아니라, '몰입이 어려운 구조'에 갇혀 있다. 고성과가 재현되지 않는 이유도, 대개 사람보다 운영의 문제가 더 클 수 있다.

'운영'이란 거창한 말이 아니다. 조직이 매일 반복하는 것—회의, 의사결정, 우선순위, 보고, 협업, 피드백, 성과 기록— 그 모든 반복을 뜻한다. 이 반복이 '성과를 만들도록' 설계되어 있으면, 조직은 놀라운 결과를 만들 수 있다. 반대로 '혼란을 증식하도록' 설계되어 있으면, 뛰어난 사람도 지치고, 좋은 의도도 엇나가고, 성과는 우연이 된다.

몰입을 깨는 가장 큰 적은 게으름이 아니다. 몰입을 깨는 건 혼란이다.

오늘의 최우선이 내일이면 바뀌고, 누가 물어봐도 답이 다르다. 회의는 많은데 결정은 남지 않고, 역할은 모호한데 책임만 커진다. 협업은 프로세스가 아니라 관계에 좌우되고, 피드백은 늦거나 회피된다. 성과는 기억 속에만 남고 근거는 사라진다.

이 혼란 속에서 사람은 '집중'할 수 없다.

집중하려면 안정감이 필요하고, 안정감은 운 좋게 생기지 않는다. 운영은 안정감을 높일 수 있다. 위계와 보고가 강한 조직에서는 이 혼란이 더 쉽게 자리 잡는다. 직급과 결재는 결정 시간을 늘리고, 보고는 일을 대체하며, 체면은 어려운 말을 늦추고, 평가 시즌은 운영의 리듬을 흔든다. 그래서 더 열심히 뛰어도, 더 지칠 수 있다.

이 책은 그 현실을 외면하지 않는다. 오히려 그 현실을 전제로, 지금 당장 적용할 수 있는 운영 시스템을 설계한다.

이 책이 말하는 오토메이션: IT 자동화가 아니라 고성과 몰입을 위한 '운영 루틴 자동화'다

'오토메이션'이라는 단어는 종종 공장 자동화나 직능 자동화, AI·RPA 같은 기술 자동화를 떠올리게 한다. 그래서 어떤 독자는 이 책이 IT 자동화나 제조 혁신에 관한 이야기로 오해할 수도 있다.

여기서 말하는 오토메이션은 특정 기술을 말하지 않는다. 회의·결정·실행·피드백이 표준 루틴으로 반복되게 만드는 팀 운영 체계를 뜻한다.

이 원리는 IT 기업만의 이야기가 아니다. 제조업의 생산 공정, 영업 조직, 서비스 운영처럼 업종과 직무가 달라도 '목표-결정-진척-학습'을 끊기지 않게 연결하는 운영 루틴이 성과의 재현성을 만든다는 원리는 동일하다. 오토메이션은 특정 산업의 기법이 아니라, 어떤 조직이든 적용할 수 있는 '운영의 기본값' 설계다.

조직이 그때그때의 감각이 아니라 표준 루틴으로 굴러가게 만드는 것. 말'이 아니라 '반복'으로 움직이게 만드는 것. 그것이 바로 '오토메이션'이다.

조직이 작을 때는 말로 굴러간다. 친분으로, 센스로, 열정으로, 야근으로, 누군가의 강한 추진력으로 굴러간다. 하지만 규모가 커지면 말은 더 이상 전달되지 않고, 센스는 복제되지 않으며, 야근은 오래 지속될 수 없다. 그 순간 조직은 선택의 기로에 선다.

- 통제를 강화할 것인가? (보고·회의·결재를 늘릴 것인가?)
- 캠페인을 할 것인가? (구호와 가치로 버틸 것인가?)

• 효율과 효과를 높이는 운영을 설계할 것인가?

이 책은 세 번째 길을 택한다.

운영을 설계하라. 그리고 운영이 자동으로 반복되게 하라.

오토메이션이 필요한 진짜 이유는 사람을 통제하거나 '자동화'하기 위해서가 아니다. 개인의 희생에 의존하지 않는 지속 가능한 운영을 만들기 위해서다.

운영 시스템이 없으면 성과는 특정인의 경험과 즉흥적 조정, 추가 근무와 같은 비공식적 방식에 의존하게 된다. 그 결과 기준은 흔들리고, 인지 부하와 조정 비용은 커진다.

오토메이션은 불필요한 인지 부하를 줄여 구성원이 본질에 집중하게 돕는 환경을 만드는 일이다. 업무를 단순화하는 것이 아니라, '무엇을, 언제, 어떻게 결정하고 남길지'를 표준화하는 것이다.

오토메이션이 '통제'로 오해받는 이유는, 시스템이 차갑게 느껴지기 때문이다. 그러나 팀 오토메이션의 목적은 반대다. 목표·결정·기록의 기준을 예측 가능하게 만들어 팀원에게 '예측 가능한 안전(Predictable Safety)'을 제공하는 것이다. 예측 가능성이 높아질수록 불필요한 눈치와 방어가 줄고, 질문과 문제 해결이 빨리 나온다. 오토메이션은 심리적 안전감의 기반을 '운영 루틴'으로 설계하는 일이다.

'팀 인지 부하(Team Cognitive Load)'를 줄여야 팀이 빨라진다?

팀에서 이 한계를 '개인의 역량'으로 착각하는 순간, 리더는 사람을 더 몰아붙이는 선택을 한다. 그러나 문제는 대개 '운영'에 있다. 목표가 자주 바뀌고, 결정이 기록되지 않고, 자료가 흩어져 있을 때 팀 전체의 인지 부하가 폭증한다. 이것이 팀 인지 부하다.[30] 인지 부하 이

론(Cognitive Load Theory)은 인간의 작업 기억(Working Memory)이 제
한된 용량을 가진다는 사실에서 출발한다. 용량을 넘어서는 정보 처
리와 과업이 한꺼번에 쏟아지면 학습, 판단, 문제 해결이 동시에 무너
진다.

리더의 기분에 따라 목표가 바뀌고 회의 시간이 들쭉날쭉하면, 구
성원은 '생존'에 에너지를 쓰느라 '창조'에 쓸 뇌 용량이 사라진다.[26]
[27] 불확실성은 뇌에게 '위협 신호'다. 예측 불가능한 상황이 길어질수
록 사람은 방어 모드로 전환되고, 시야가 좁아진다. 스트레스가 높아
지면 전두엽(이성·문제 해결)의 기능이 떨어진다.

번아웃을 '개인의 회복력' 문제로 돌리는 순간 해결은 멀어진다. 해
결은 '뇌가 덜 아프게 일하는 환경'을 설계하는 데 있다.[31] 이처럼 늘
어난 팀 인지 부하는 번아웃과도 연결된다. IT Revolution의 리서치
에서도 팀 인지 부하가 높을수록 번아웃 보고가 증가하고, 조직 목
표 달성 여부와도 높은 상관을 보였다.

팀 오토메이션은 목표·결정·기록의 기본값을 표준 루틴으로 고정해,
불필요한 인지 부하를 줄이고 예측 가능성을 만든다. 그러면 팀은 더
빠르고 더 정확해진다. 리더는 더 적게 개입해도 된다. 이것이 조직의
OS를 업데이트하는 일의 본질이다.

고성과 몰입을 만드는 운영 모델: A5-Loop 운영 체계(Automation OS)

많은 책은 '무엇이 중요한가'까지는 말해 준다. 하지만 현장에서 진

짜 필요한 건 '그래서 내일 무엇을 어떻게 바꾸면 되는가'다. 조직은 슬로건으로 바뀌지 않는다. 조직은 반복되는 장치로 바뀐다. 그래서 이 책은 한 가지 모델을 끝까지 밀어붙인다.

A5-Loop 운영 체계™

이 모델은 간단하다. 조직이 고성과·몰입을 반복하도록 만드는 5개의 장치와 그 장치를 굴리는 3개의 리듬으로 구성된다.

A5: 조직을 굴리는 5개의 장치

이 다섯 가지는 '문서, 회의, 기록, 대화' 같은 현장 반복물로 설계된다. 그래서 도입이 가능하고, 유지가 가능하고, 무엇보다 복제가 가능하다.

① Align(정렬): 목표·우선순위·역할·의존 관계를 '한 장'으로 고정한다.

② Agree(약속): 협업 규칙과 커뮤니케이션 규약을 합의하고 문서화한다.

③ Act(결정·실행): 회의가 토론으로 끝나지 않게, 결정·기록·액션을 표준화한다.

④ Archive(축적): 성과·근거·학습을 조직 자산으로 남긴다(실패도 학습으로).

⑤ Appreciate(인정·성장): 리더의 대화·피드백·인정을 루틴으로 만들어 팀이 성장하도록 돕는다.

여기서 중요한 건 '용어'가 아니다. 어떤 조직은 특정 프레임워크 이름에 피로감이 있고, 어떤 조직은 특정 목표 용어에 반감이 있다. 이 책은 그 감정을 존중한다. 우리는 이름이 아니라 기능으로 이야기할 것이다.

- 목표가 정렬되는 기능
- 협업이 규칙으로 돌아가는 기능
- 회의가 결정과 실행으로 이어지는 기능
- 성과가 증거와 학습으로 축적되는 기능
- 피드백이 이벤트가 아니라 루틴으로 돌게 하는 기능

기능이 작동하면, 그게 곧 조직의 운영 체계(OS)다.

이 책이 말하는 리더십도 여기서 바뀐다. 팀 오토메이션을 설치하는 리더는 '운전사'가 아니라 '설계자(Architect)'다. 직접 모든 것을 몰고 가는 대신, 누구든 들어오면 같은 기준으로 일할 수 있는 토양을 만든다. 시스템이 돌아가기 시작하면 리더는 세세한 관리에서 한발 물러나 의사결정의 질, 코칭 그리고 팀의 성장에 집중할 여유를 얻는다.

Loop: 장치가 굳는 3개의 리듬

장치는 도입만으로 끝나지 않는다. 반복이 필요하다. 그래서 이 책은 3개의 리듬을 제시한다.

① 주간 루프: 정렬 → 실행 → 리뷰(학습)
② 분기 루프: 도입 → 운영 → 개선(버전 관리)
③ 연간 루프: 연초-반기-연말로 성과와 학습을 끊기지 않게 설계

이 루프가 있어야 운영이 '행사'가 아니라 '습관'이 된다. 그리고 습관이 될 때, 성과는 우연이 아니라 반복이 된다.

얇지만 강하게: '실제로 굴러가는 것'만 남겼다

이 책은 두껍지 않다. 두껍게 만들 수도 있었다. 하지만 조직은 설명이 길다고 바뀌지 않는다. 이 책이 제안하는 건 선명한 원리+바로 쓰는 도구+적용이다.

불필요한 이론은 덜고, 과시적인 용어는 줄이고, 실제로 조직을 움직이는 '반복 장치'만 남긴다

각 장은 가능한 한 같은 형식으로 구성된다.

- 현장에서 흔히 벌어지는 장면(짧은 사례)
- 그 장면을 만드는 운영 결함(원인)
- 바로 적용 가능한 장치·템플릿(해법)
- 일주일 동안 돌리는 운영 스크립트(실행)
- 흔한 실패와 방지 장치(유지 보수)

이 책은 특정 직무만을 위한 책이 아니다. 다만 읽는 목적이 다르다.

- 경영자는 '방향과 우선순위를 흔들리지 않게' 만들고 싶을 것이다.
- 리더는 '팀이 스스로 굴러가게' 만들고 싶을 것이다.
- 팀은 '회의와 혼란을 줄이고 몰입을 되찾고' 싶을 것이다.

이 책이 각자에게 필요한 길을 가는 데 도움이 되길 바란다.

※ 본 책의 모델(A5-Loop)과 템플릿은 공개된 경영·조직·제품 운영 지식과 현장 컨설팅 적용 경험을 바탕으로 저자가 재구성한 예시이다. 특정 기업의 내부 문서·템플릿을 그대로 복제하지 않았으며, 기업·도구·프레임워크 명칭은 각 소유자에게 권리가 있다.

이 책을 활용하는 법 3단계: 30분 진단 → 90일 도입 → 1년 루프

- 30분 진단: 3장의 Automation Score로 '어디가 새는지'부터 찾는다. (점수가 낮은 영역 1개만 잡는다.)
- 90일 도입: 11장의 U-D-E 90 로드맵대로 A1~A4를 먼저 '돌아가게' 만든다. (문서가 아니라 반복을 만든다.)
- 1년 확장: 10장의 Loop(주간-분기-연간)로 버전업 하며 전사로 확장한다. (도입-운영-개선의 리듬을 고정한다.)

적용 원칙: '작게 시작해 크게 확장하기'

- 이 책의 도구를 한번에 '전부' 적용하려고 하지 않아도 된다. 3장의 진단으로 가장 시급한 고장 지점 1개만 골라라.
- 중소기업·소규모 팀·프로젝트는 '문서의 완성도'보다 '리듬(캘린더)과 반복(루틴)'을 먼저 붙이는 편이 더 빠르다.
- 2주 파일럿 → 4주 확장 → 분기 버전업(10장)처럼 작은 성공을 쌓으면, 변화가 자연스럽게 전파된다.
- 업종·규제·업무 특성에 따라 템플릿 항목은 줄여도 괜찮다. 핵심은 '같은 질문을 반복'하게 만드는 것이다.

이 책을 쓰며 자주 떠올린 질문은 "지금 우리 조직은, 사람의 의지에 기대어 굴러가고 있는가? 아니면 운영 시스템으로 굴러가고 있는가?"이다.

이 질문을 정면으로 마주하는 순간, 변화는 이미 시작된다. 이제 우리는 '열심히'를 더하는 대신, 혼란을 줄이는 장치를 도입할 것이다. 혼란이 줄어드는 순간, 몰입은 돌아온다. 몰입이 돌아오는 순간, 고성과는 다시 반복 가능한 결과가 된다.

우리 조직의 오토메이션은 지금 어디에서 새고 있는가. 그리고 무엇부터 도입하면 가장 빠르게 달라지는가.

지금부터, 운영을 설계하자.

Lv.1 초보 팀장을 위한 최소 세트

다 못 하겠으면, 딱 2개만 하라. 이것만 3주 반복해도 상위 10%다.
- Goal Sheet 한 장 쓰기(이번 주/이번 달 최우선 1~3개)
- 회의 끝에 Decision Log 한 줄 남기기(결정·담당·기한)
- → 시스템이 먼저 돌아가면, 나머지(A2, A4, A5)는 '확장팩'처럼 자연스럽게 붙는다.

A5 10분 운영 진단지: 한 장으로 고장 지점 찾기

최근 4주 기준으로 체크해 봐라. 점수가 높은 문항이 지금 조직의 '고장 지점'이다.

점수 기준: 0점(전혀 아니다)/**1점**(가끔 그렇다)/**2점**(자주 그렇다)

진단 문항(증상)	0	1	2
1) 이번 주 목표·우선순위를 사람마다 다르게 말한다.	☐	☐	☐
2) 역할·의존 관계가 불명확해 '누가 해야 하는지'가 자주 변경된다.	☐	☐	☐
3) 채널·응답 기준이 없어 긴급·공지·업무가 뒤섞인다.	☐	☐	☐
4) 협업 요청이 모호해 되묻기·재작업이 반복된다.	☐	☐	☐
5) 회의가 목적 없이 공유·토론·결정이 섞여 길어진다.	☐	☐	☐
6) 회의 후 결정·담당·기한(Action)이 문서로 남지 않는다.	☐	☐	☐
7) 결과·근거·학습이 기록되지 않아 같은 논의가 반복된다.	☐	☐	☐
8) 실패·이슈가 사람 탓으로 끝나고 재발 방지 액션이 남지 않는다.	☐	☐	☐
9) 1on1·피드백 루틴이 일정하게 돌지 않는다.	☐	☐	☐
10) 인정·칭찬이 이벤트로만 존재하고, 지속 루틴이 없다.	☐	☐	☐

총점: ＿＿＿＿ / 20 → 2점이 가장 많은 문항 1개를 '이번 달 우선 처방'으로 선택하라.

빠른 연결

진단 문항(범위)	바로 연결되는 장(우선 처방)
1~2번	5장(A1 정렬)
3~4번	6장(A2 약속)
5~6번	7장(A3 결정·실행)
7~8번	8장(A4 축적)
9~10번	9장(A5 인정·성장)

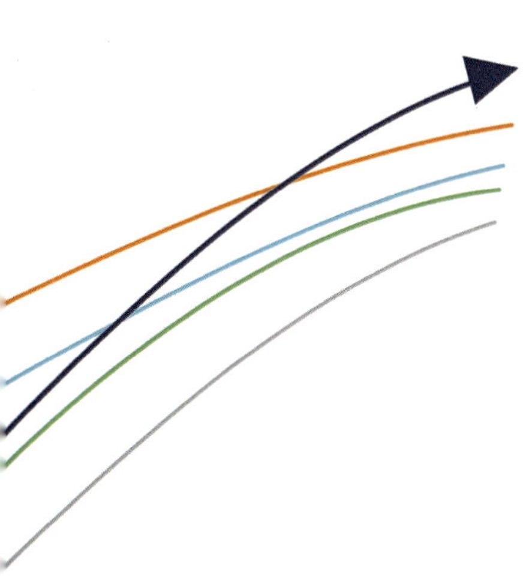

문제를 다시 정의하라

몰입이 무너지는 진짜 이유:
혼란이 시스템화되어 있다

사람의 의지가 약해서가 아니다.

조직이 헷갈리게 설계되어 있어서, 몰입이 구조적으로 깨진다.

이때 많은 리더가 'OKR을 도입하면 나아지겠지', '애자일 스프린트를 하면 빨라지겠지' 같은 최신 처방을 찾는다. 하지만 운영 체제(OS)가 구 버전이면, 제대로 돌아가지 않는다.

구 버전 OS의 특징은 단순하다. 목표는 구두로 바뀌고, 결정은 회의실에 남고, 진척은 사람 머릿속에 있다. 그래서 협업 툴을 써도, OKR을 세워도, 팀은 계속 헷갈린다.

이 장에서 먼저 확인할 것은 '새로운 앱'이 아니라 '운영 기본값(OS)'이다. 4장에서 조직운영 OS를 A5-Loop 한 장 지도로 제시한다. 기본값이 바뀌면, 그다음부터 앱은 제대로 작동한다.

H팀의 하루

아침 회의에서 팀장은 이렇게 말한다.

"이번 주 핵심은 A야. 다른 건 잠깐 멈추고, A에 집중하자."

점심이 지나고, 임원 메신저가 온다.

"B 건은 오늘 중으로 방향 잡아야 한다. 지금 잠깐 미팅 가능?"

오후 4시, 다른 부서에서 연락이 온다.

"C 협업 요청이요. 오늘 안에 답 주세요. 내일 공유 들어가야 해서요."

퇴근 직전, 팀장은 다시 말한다.

"내일 오전에 A 자료 한 번만 더 다듬어서 올려 줘요. 방금 메시지 왔어요."

팀원은 결국 하루 종일 열심히 움직였지만, 손에 남는 것은 '완성된 결과'가 아니라 '수정본, 회의록, 회신, 중간 산출물'이다. 그리고 팀원은 자책한다.

"내가 집중을 못 했나…."

아니다. 팀이 몰입을 못 한 이유는 집중력 부족이 아니라, 업무 환경이 계속 '업무의 맥락'을 끊고 다시 세팅하게 만들었기 때문이다.

목표·결정·우선순위가 문서로 고정되지 않으면, 팀은 실행 전에 '찾기-확인-재확인'에 뇌 용량을 소모한다. 그 순간부터 속도는 느려지고, 품질은 흔들린다.[30] 이 현상은 인지 부하 이론(Cognitive Load Theory)이 말하는 '작업 기억의 한계'로 설명된다.

즉, 생산성은 '속도'가 아니라 '인지 부하 제거'다. 팀 오토메이션은 기억 노동을 시스템으로 옮겨, 팀원들의 뇌를 본질적인 문제 해결에 쓰게 만든다. 이 장의 결론은 하나다. 운영을 정리하는 일은 '기분 좋은 정리 정돈'이 아니라 성과가 반복되게 만드는 선행 조건이다.

루틴과 기준이 예측 가능해질수록, 팀은 '생존 모드'가 아니라 '창조 모드'에서 일한다.[26][27] 불확실성은 뇌를 방어 모드로 밀어 넣는다. 스트레스가 높아지면 전두엽(이성·문제 해결)의 기능이 떨어진다.

이 연결은 감각이 아니라 데이터로도 확인된다(IT Revolution, State of DevOps).[31]

몰입이 무너지는 이유는 '사람'이 아니라 '운영'이다. 그리고 운영이 헷갈리게 설계된 상태를, 나는 '혼란이 시스템화되었다'고 부른다.

1. 바쁜데 성과가 없는 조직의 공통 증상

"바쁜데 성과가 없다"는 말은 사실 정확한 진단이 아니다. 정확한 진단은 이렇다.

바쁜데 '성과로 남는' 일이 없다.

성과로 남는다는 것은 최소 3가지를 의미한다.

- 완성: 누가 봐도 '끝났다'고 합의되는 수준으로 마무리된다.
- 근거: 왜 이 결정을 했는지, 어떤 데이터·사실이 있었는지가 남는다.
- 학습: 다음에는 더 빠르고 좋아질 '패턴'이 축적된다.

바쁜데 성과가 없는 조직은 이 3가지 중 최소 하나가 빠진다. 그것은 우연이 아니라 운영 구조의 기본값이 된다.

현장에서 반복되는 공통 증상을 정리하면 아래 8가지다.

공통 증상(현상)	운영 관점의 진단 포인트
우선순위가 회의에서 바뀌고 메신저에서 뒤집힌다	• 사람은 계획이 아니라 마지막으로 받은 강한 신호에 반응한다. • 문제는 변경 자체가 아니라 '변경 기준'과 '기록'이 없다는 점이다.
회의는 많은데, 결정이 남지 않는다	• 회의가 '논의'로 끝나고 '누가, 무엇, 언제까지'가 사라진다. • 결정이 없으니 같은 주제가 반복되고, 회의가 늘수록 몰입은 줄어든다.
'보고를 위한 일'이 '일 그 자체'를 대체한다	• 보고 자료는 점점 정교해지는데, 고객·현장·제품은 그대로다. • 구성원은 '실제 성과'보다 '평가받기 쉬운 산출물'로 기울기 시작한다.
책임은 요구되지만, 결정권은 불명확하다	• "왜 아직도 안 됐어?"는 들리지만 "누가 최종 결정을 했지?"는 흐릿하다. • 책임은 아래로, 결정은 위로 올라가며 의사결정 속도는 저하된다.
재작업(되돌림)이 일상화된다	• "다시 해", "방향이 달라졌어", "이건 이런 의도가 아니었어"가 반복된다. • 완성 기준이 합의되지 않은 채 시작했기 때문에 재작업은 구조적 필연이 된다.
'긴급'이 너무 많다	• 긴급이 많다는 건 대개 예측 가능한 운영 루틴이 없다는 신호다. • 긴급은 사람을 흥분시키지만, 조직을 지치게 만든다.
사람 사이의 '질문 비용'이 높다	• '이걸 누구에게 물어봐야 하지?', '물어보면 괜히 일만 늘어날까?' • 묻지 않고 진행하다가, 뒤늦게 큰 재작업이 터진다.
성과가 '기억'에만 남고 '자산'으로 남지 않는다	• 조직이 매 분기마다 같은 실수를 다른 이름으로 반복한다. • 성과와 실패가 축적되지 않으면 조직은 영원히 '매번 처음처럼' 일한다.

이 8가지가 빈번히 나타난다면, 조직은 '열심히'가 부족한 게 아니다. 명확성이 부족한 것이다.

2. 몰입을 갉아먹는 비용: 끊김·재작업·맥락 전환(Context Switching)

혼란이 시스템화되면, 몰입을 갉아먹는 비용이 세 겹으로 발생한다.

끊김: 집중의 흐름이 자주 끊긴다

재작업: 다시 한다(되돌림)

맥락 전환: 머릿속 작업 환경 자체가 계속 바뀐다

이 세 가지는 서로를 증폭시킨다. 끊기면 재작업이 늘고, 재작업이 늘면 맥락 전환이 잦아진다. 흐름이 쉽게 끊긴다.

이제 각각을 '감정'이 아니라 '비용 구조'로 보자.

끊김: 일을 방해하는 것은 '큰 사건'이 아니라 '작은 핑'이다

사람들은 몰입을 방해하는 요인으로 '큰 문제'를 떠올린다. 하지만 실제로 몰입을 망가뜨리는 건 대개 작은 끊김의 누적이다.

- 회의 초대 알림
- "잠깐만요" 메시지
- 갑자기 잡힌 짧은 미팅
- 바로 답을 요구하는 전화
- 채팅창에 떠오르는 빨간 숫자

Microsoft WorkLab의 2025년 Work Trend Index 데이터 분석은

이 현실을 아주 노골적으로 보여 준다. 상위 20% 사용자 기준으로, 핵심 업무 시간 동안 평균 2분마다 회의·이메일·채팅 같은 '핑'으로 방해를 받는다.[1]

여기서 중요한 건 숫자의 정확한 크기 자체가 아니다. 핵심은 이 메시지다.

"업무가 끊기는 것이 예외가 아니라, 기본값이 되었다."

끊김이 잦으면 사람은 어떤 전략을 택할까? 연구는 흥미로운 사실을 말한다. Gloria Mark의 연구는 "끊긴 일은 더 빨리 할 수 있지만, 대가가 따른다"고 요약한다.

그 '대가'는 무엇일까?

스트레스, 시간 압박, 좌절감이 증가하고 더 큰 노력이 투입된다. 즉, 끊김이 많아질수록 조직은 '속도'가 아니라 '소모'가 늘어난다.

재작업: 일의 양이 아니라 '되돌림'이 피로를 만든다

재작업은 단순히 '다시 한다'가 아니다. 재작업은 조직의 신뢰를 깎는 방식으로 작동할 수 있다.

- 팀원은 "내가 잘못했나?"라고 느낀다.
- 리더는 "팀이 왜 이렇게 느리지?"라고 느낀다.
- 서로의 인식이 벌어지며, 피드백은 방어적으로 변한다.
- 방어가 늘수록 보고가 늘고, 보고가 늘수록 몰입은 더 줄어든다.

재작업은 흔히 '실수' 때문에 생기는 것처럼 보이지만, 실무에서 재작업의 상당 부분은 실수가 아니라 '불명확성'에서 나온다.

- 완성 기준이 합의되지 않았다.
- 우선순위 변경의 기준이 없었다.
- 누가 결정하는지 모호했다.
- 결정이 기록되지 않았다.
- 의존 관계(다른 팀이 언제 무엇을 주는지)가 안 보였다.

이런 상태에서 '첫 시도'가 곧바로 완성될 확률은 낮다. 재작업은 조직의 구조가 만들어 낸 정상 반응이다. 몰입 관점에서 재작업이 더 치명적인 이유는 따로 있다. 재작업은 사람의 뇌에 이렇게 명령한다. '너의 집중은 의미가 없을 수 있다.', '어차피 바뀔 수 있다.'

그 순간부터 사람은 깊게 파고들지 않는다. 대신 '나중에 바뀔 걸 대비한' 얕은 산출물을 만든다. 이게 장기적으로 조직의 수준을 낮춘다.

맥락 전환: '일을 많이 하는 것'이 아니라 '인지 전환을 반복하는 것'이 문제다

고성과 팀의 생산성은 '속도'가 아니라 '인지 부하(Cognitive Load)를 얼마나 제거하느냐'에서 갈린다. 팀원이 '이거 누구에게 물어보지?', '지난번 결론이 뭐였지?'를 찾는 순간, 인지 효율은 급격히 떨어지고 맥락 전환 비용이 발생한다. 팀 오토메이션은 이 '기억 노동'을 시스템에 외주 주고, 팀의 뇌 용량을 본질(고객·문제 해결·학습)에 쓰게 만드는 전략이다.

맥락 전환은 업무의 '주제'만 바뀌는 게 아니다. 머릿속에서 다음이 한꺼번에 바뀌는 것이다.

- 목표(무엇을 달성해야 하는지)
- 규칙(어떤 기준으로 판단해야 하는지)
- 관계(누구를 만족시켜야 하는지)
- 도구(어떤 문서·채널·시스템을 써야 하는지)
- 시간(언제까지인지)

맥락 전환이 치명적인 이유는, 바뀌는 데 드는 시간이 '몇 초'처럼 느껴져도 그 뒤에 '재정렬 비용'이 따라오기 때문이다.

Gloria Mark 등의 연구는 방해받은 일을 다시 이어서 하기까지 평균 약 23분이 걸린다고 보고한다. 숫자 자체보다 더 중요한 건, 끊김이 단순한 몇 분 손실이 아니라 '흐름 전체'를 무너뜨린다는 사실이다.[3] 또 하나 중요한 근거가 있다. 미국심리학회(APA)는 멀티태스킹이 실제로는 '빠른 전환'에 불과하며, 작업 전환이 생산 시간을 최대 40%까지 잠식할 수 있다고 경고한다.[4]

정리하면 다음과 같다.

끊김이 잦을수록, 재작업이 늘수록, 맥락 전환이 늘수록 조직은 더 열심히 일하지만, 실제 성과는 더 느려진다. 그리고 사람은 더 지친다.

이게 '바쁜데 성과가 없는 조직'의 핵심 구조다.

3. '열심히'가 아니라 '덜 헷갈리게'가 먼저다

이쯤에서 우리는 현실적인 선택을 해야 한다. 몰입이 부족하다고 개인의 노력과 통제를 더할 것인가, 아니면 몰입을 저해하는 혼란을 줄일 것인가. 정답은 분명하다.

몰입을 만들고 싶다면, 동기 부여보다 먼저 '명확성'을 설계해야 한다. 다시 말해, '더 열심히'가 아니라 '덜 헷갈리게'가 먼저다.

'덜 헷갈리게'의 정의는 감각적이지 않다. 아주 구체적이다. 조직이 매일 맞닥뜨리는 5가지 질문에 답이 있는 상태다.

덜 헷갈리게 만드는 5가지 질문

① 이번 주(이번 달) 성과로 남길 1~3개는 무엇인가?

② 누가 최종 결정을 하는가? (그리고 결정 기준은 무엇인가?)

③ 완성(끝)으로 인정하는 기준은 무엇인가?

④ 의존 관계는 무엇인가? (누가 무엇을 언제까지 줘야 하는가?)

⑤ 어디에 기록하고 어떻게 공유하는가? (메신저가 아니라 '남는 곳')

이 질문에 답이 없으면, 구성원은 열심히 할수록 더 많이 흔들린다. 반대로 이 질문에 답이 있으면, 구성원은 굳이 '의지'를 끌어올리지 않아도 몰입하기 쉬워진다. 뇌가 '예측 가능한 안전'을 느끼기 때문이다.

심리적 안전감은 '좋은 분위기'만이 아니라 예측 가능한 기준과 절차에서 나온다. 목표가 흔들리면 불안이 커지고, 결정이 기록되지 않으면 정치가 생긴다. 팀 오토메이션은 그 불안을 줄이고 절차적 공정성을 세워, 팀이 서로를 의심하는 데 쓰는 에너지를 문제 해결로 돌려놓는 설계다.

'덜 헷갈리게'의 효과는 과학적으로도 설명된다

이건 단지 '회의가 싫다'는 감정 문제가 아니다. 전환(transition)의 비용이 실제로 존재한다는 뜻이다.[2] Microsoft WorkLab은 연속 회의(back-to-back meetings)가 스트레스를 누적시키고, 짧은 휴식이 그 누적을 줄이는 데 도움이 될 수 있다고 소개한다.

따라서, 조직의 전략은 명확해진다.

- 몰입을 외치지 말고, 몰입이 가능한 조건을 만든다.
- 조건을 만드는 방법은 '운영 루틴을 표준화'하는 것이다.
- 그 표준화가 이 책의 오토메이션(운영 루틴 자동화)이다.

오토메이션 도입 전 vs 후: 조직의 기본값이 이렇게 바뀐다

도입 전(의지·즉흥에 의존)	도입 후(루틴·기준에 기반)
우선순위가 말로 바뀌고, Stop(중단)이 없다	Goal Sheet 1장에 우선순위·Stop·WIP(Work In Progress: 동시에 진행 중인 일)를 고정한다
회의는 공유로 끝나고 결정이 남지 않는다	회의의 목적은 '결정'이며, Decision Log 한 줄로 남긴다
진척이 흩어져서 '지금 어디까지'가 매번 새로 정리된다	협업 툴·싱글 소스로 진척을 한 곳에서 본다
실패는 회피하거나 개인 탓으로 흐른다	이슈 후 학습 회고로 원인과 액션을 자산화한다
피드백은 '필요할 때' 하고, 기록이 남지 않는다	정기 1on1과 CFR(Conversation Feedback Recognition) Log로 피드백을 운영 루틴으로 만든다
성과가 사람에 따라 흔들리고, 바쁠수록 운영이 무너진다	리듬(주간·월간·분기)을 고정해 재현성을 높인다

| 눈치와 침묵이 '안전'이 되고, 이견은 늦게 나온다 | 예측 가능한 기준·절차로 질문·이견이 빨리 나온다(예측 가능한 안전) |
| 결정·근거를 찾느라 '기억 노동'과 맥락 전환이 반복된다 | 기록·템플릿으로 인지 부하를 줄여 본질(문제 해결)에 집중한다 |

핵심 정리

- 바쁜데 성과가 없는 조직은 '사람이 부족해서'가 아니라, 혼란이 운영 기본값이어서 그렇다.
- 혼란은 몰입을 갉아먹는 세 가지 비용을 만든다: 끊김, 재작업, 맥락 전환
- 연구는 끊김이 단순한 몇 분 손실이 아니라, 재정렬(복귀) 비용과 스트레스 비용을 동반한다고 보여 준다.
- 따라서, 먼저 해야 할 일은 '더 열심히'가 아니라, 덜 헷갈리게 설계하는 것이다.

10분 자가 점검

채점 기준: 아래 문항 중 6개 이상이 '예'라면, 몰입 문제의 핵심은 개인이 아니라 운영 시스템이다.

- ☐ 이번 주 최우선 3개가 문서로 정리되어 있지 않다
- ☐ 회의가 끝나도 '결정'이 남지 않는 경우가 자주 있다
- ☐ '누가 최종 결정자인지' 애매한 일이 많다
- ☐ 같은 자료를 2번 이상 크게 고친 적이 최근 한 달에 3회 이상 있다
- ☐ 갑작스러운 미팅·요청이 하루에 3번 이상 들어온다
- ☐ 협업할 때 메신저·구두로만 합의하고 기록이 남지 않는다
- ☐ 팀이 지금 동시에 붙잡고 있는 주요 과제가 5개 이상이다
- ☐ 우리 팀의 성과(근거, 학습)가 쌓이는 '한곳'이 없다
- ☐ '왜 그렇게 했는지'를 두 달 뒤에 설명하기 어렵다
- ☐ 구성원들이 "집중할 시간이 없다"는 말을 자주 한다

위계·보고·체면이 만드는 5가지 병목

문제는 '문화'가 아니라, 성장한 조직을 여전히 '옛 방식의 운영'으로 굴리는 데서 생기는 병목이다. (직급·보고·체면·평가 시즌·구두 운영이 한꺼번에 얽이면, 혼란이 자동으로 증식한다.)

왜 '몰입'이 더 쉽게 깨지는가

조직을 한 문장으로 일반화할 수는 없다. 업종도, 규모도, 리더도, 구성원도 다르다. 그리고 애자일하게 움직이며 좋은 사례를 만들어 내는 팀도 분명히 많다. 그런데도 '비슷한 고장'이 반복해서 등장한다. 특히 성장이 빠르거나, 부서가 늘어나고, 협업이 많아지는 순간에 더 자주 나타난다.

그 고장은 딱 5가지 병목으로 요약된다.

- 직급·결재가 결정 시간을 늘린다.
- 보고가 일을 대체한다.
- 체면 문화가 피드백을 늦춘다.
- 평가 시즌이 운영을 망친다.
- '말로 굴리는 조직'이 규모에서 무너진다.

이 다섯 가지는 따로따로 존재하지 않는다. 대부분의 조직에서는 연쇄 반응으로 연결된다.

결정이 느리니(1) 보고로 상태를 관리하려 하고(2), 보고가 많아지니 문제를 '정중하게' 돌려 말하고(3), 피드백이 늦으니 평가 시즌에 몰아치고(4), 결국 기억과 관계에 의존하는 구두 운영이 커지면서 붕괴한다(5).

이 장의 목표는 비난이 아니라 진단이다. '문화 탓'이 아니라, 현실의 운영 조건에서 병목이 생기는 구조를 정확히 보자는 것이다. 그래야 다음 파트에서 '운영 루틴 자동화(오토메이션)'로 재현 가능한 해법을 도입할 수 있다.

1. 직급·결재가 결정 시간을 늘리는 방식

'결정은 위로, 책임은 아래로'가 시스템이 되는 순간

프로젝트를 해야 한다. 고객(또는 시장)은 이미 움직이고 있다. 팀은 방향을 잡았고, 실행안도 만들었다. 그런데 마지막 한 고비에서 멈춘다.

"이건 팀장 결재로는 애매하지 않나요?"

"임원 보고 한번 올리고 가죠."

"대표님 한마디 듣고 갑시다."

"다른 본부도 의견 들어야죠."

이 과정이 길어지면 팀은 어느 순간부터 실행이 아니라 '결재를 위한 안전한 안건'을 만든다. 실험은 사라지고, 도전은 줄고, 문서의 문장만 매끈해진다.

왜 이런 일이 반복되는가

직급·결재 자체가 문제는 아니다. 위기 상황에서 상향식 결정만 고집하면 더 위험할 수도 있다. 문제는 '결재가 많다'가 아니라 결재가 늘어날수록 '누가 결정하는지'가 더 흐릿해지는 것이다. McKinsey는 의사결정이 느려지는 대표 장면으로, 위원회(거버넌스)의 멤버를 과도하게 늘리고, 실제 결정권자를 명확히 하지 않으면 회의가 정보 공유와 무(無)구조 토론으로 변해 실행이 막힌다고 설명한다. 즉, 직급이 문제라기보다 결정 구조의 불명확성이 문제다.

몰입이 깨지는 포인트(숨은 비용)

- 팀은 '어차피 위에서 바뀔 수 있다'는 학습을 한다.
- 그래서 깊게 파지 않는다(몰입 회피).
- 책임은 아래로 내려오지만, 결정권은 위로 올라간다.
- 결과적으로 속도·주인의식·학습이 동시에 떨어진다.

리더가 바로 써먹는 3문장

결정이 늦어질 때, 회의실에서 이 3문장을 던지면 구조가 잡히기 시작한다.

① "이건 되돌릴 수 있는 결정인가요, 되돌릴 수 없는 결정인가요?"
② "오늘 이 자리에서 '결정권자'는 누구인가요?"
③ "회의 끝나기 전에 '누가 공유하고, 누가 실행을 소유하는지' 확정하고 나갑시다."

McKinsey는 이를 두고 "누가 결정권(Vote)을 가졌고, 누가 의견(Voice)만 내는지 명확히 구분하라"고 조언한다. 회의가 끝날 때 실행의 주인이 정해지지 않으면, 그 회의는 '좋은 대화'였을 뿐 '결정'이 아니기 때문이다.

2. 보고가 일을 대체하는 순간

일이 '성과'가 아니라 '상태 업데이트'로 바뀐다

주간 보고를 만든다. 보고를 위해 데이터를 모으고, 말이 틀리지 않게 다듬고, 보기 좋게 정리한다. 정작 고객 가치나 제품 개선은 보고 이후로 미뤄진다.

"자료는 좋은데, 그래서 결론이 뭐야?"

"결론은 다음 주에… 지금은 현황 공유이다."

"알겠어. 다음 주에 또 보자."

이때 팀은 바빠지고, 조직은 안심한다. 그런데 결과는 없다. 보고는 늘었고, 실행은 줄었다.

왜 보고가 늘어나는가(선의의 구조)

보고는 원래 나쁜 것이 아니다. 보고는 '공유'고, '정렬'이고, '리스크 관리'다. 문제는 조직이 불확실해질수록 보고를 이렇게 사용하기 시작한다는 데 있다.

- 신뢰를 보고로 대체한다.
- 결정의 불안감을 자료로 덮는다.
- 실행 대신 '관리된 느낌'을 만든다.

즉, 보고가 늘어나는 건 보통 불안의 신호다. '지금 우리가 어디로 가는지, 누가 결정하는지, 무엇이 성과인지'가 불명확하니, 그 빈자리를 '문서'가 채우는 것이다.

몰입이 깨지는 포인트

- 구성원은 '성과'보다 '평가에 안전한 산출물'을 만든다.
- 조직은 '예쁘게 정리된 보고'를 '진척'으로 착각한다.
- 실제 일은 늦어지고, 야근은 늘고, 자괴감이 쌓인다.

보고가 일을 대체하는지 판별하는 2가지 질문

① 이 문서의 '의사결정'이 무엇인가? (결정이 없다면 보고가 과잉일 확률이 높다.)

② 이 문서가 없으면 실행이 멈추는가? (아니라면 문서가 '진행 느낌'만 만들고 있을 수 있다.)

3. 체면 문화가 피드백을 늦추는 구조

'좋은 분위기'가 반드시 '좋은 성과'를 보장하지는 않는다

문제가 보인다. 하지만 말이 나오기 전, 머릿속에서 계산이 시작된다.

"지금 말하면 나 때문에 분위기가 깨지려나?"

"상대가 기분 상하면 관계가 틀어질 수 있지."

"그건 나중에…. 지금은 일단 넘어가자."

그래서 팀은 조용해진다. 문제는 해결되지 않은 채 쌓이고, 어느 날 갑자기 크게 터진다.

이 현상을 '체면' 관점에서 보면, 관계를 유지하기 위해 상대의 체면(평판·감정)을 고려하는 규범은 조직 대화의 속도를 바꾼다. '체면'이 갈등 스타일과 커뮤니케이션 행동에 영향을 줄 수 있음을 보여 준다. 특히 체면의 사회적 요소가 협력적 갈등 방식에 부정적으로 작용할 수 있다. 이 말은 "사람들이 갈등을 못 다룬다"가 아니다. 갈등을 '관계 문제'로 만들지 않기 위해 회피하는 경향이 강화될 수 있다는 뜻이다. 조직에서는 그 결과가 '피드백 지연'으로 나타난다.

계층이 결합되면 더 강해진다

직급이 강하게 작동하는 환경에서는, 위로 말하기(voice)가 더 어려워진다. 권력거리(power distance)가 높을수록 구성원의 발언(voice)이 줄어드는 경향이 있다는 연구들도 있다. 즉, 체면과 위계가 결합되면 조직은 쉽게 '침묵 시스템'을 갖게 된다.

몰입이 깨지는 포인트

- 문제를 말하지 못하니 해결도 늦다.
- 해결이 늦으니 재작업이 늘고, 불신이 쌓인다.
- 불신이 쌓이면 보고가 늘고, 보고가 늘면 더 말하기 어려워진다.
- 결국 팀은 조용하지만 지친 조직이 된다.

체면을 지키면서도 피드백을 '운영'으로 만드는 문장

체면 문화에서 피드백을 '감정 싸움'으로 만들지 않으려면, 사람이 아니라 기준과 사실로 옮겨야 한다.

"제가 틀렸다고 말하려는 게 아니라, 리스크를 줄이려는 제안입니다."

"이건 평가가 아니라, 다음 실행의 품질을 올리는 확인입니다."

"사람 애기 말고, 결과·근거·다음 행동만 보죠."

이 문장들은 다음 파트에서 다룰 '피드백 루틴'의 기반이 된다.

4. 평가 시즌이 운영을 망치는 패턴

조직이 '연말 체제'로 들어가면, 몰입은 '보여 주기'로 바뀐다

평가 시즌이 다가오면 조직의 공기가 달라진다.

- 리더는 피드백을 아끼기 시작한다("괜히 말 꺼내면 갈등 생겨").

- 구성원은 '성과 포장'에 집중한다("남는 건 점수다").
- 협업은 줄고, 자기 업무 방어가 늘어난다.
- 프로젝트는 느려지는데 회의와 문서는 늘어난다.

이때 운영은 단기적으로는 '통제되는 느낌'을 주지만, 장기적으로는 조직을 약하게 만든다. 왜냐하면 평가 시즌이 업무의 기준을 바꿔 버리기 때문이다.

연구가 말하는 '연간 평가'의 함정

SHRM은 전통적인 연간 평정이 편애, 일관성 부족, 관대/엄격의 급격한 흔들림 그리고 최신 편향(recency bias)을 촉진할 수 있다고 지적한다. 또한 연간 리뷰는 대면 갈등을 두려워하게 만들어 회피와 침묵을 낳을 수 있다고도 언급한다. 즉, 평가 시즌이 길어질수록 조직의 피드백은 늦어지고(실시간 학습이 끊김), 기준은 모호해지고(정치가 개입됨), 구성원은 보여 주기식 행동으로 최적화한다.

'연간 평가를 없애자'가 핵심이 아니다.

'한 번의 판단'이 아니라, 자주 관찰하고 빠르게 조정하는 운영이 결합되어 평가의 공정성과 납득을 높이는 것이다.

몰입이 깨지는 포인트

- 연말이 가까울수록 '학습'보다 '평가 대비'가 중요해진다.
- 그래서 피드백이 '성장'이 아니라 '평가'가 된다.
- 평가가 두려우면 사람은 몰입 대신 방어를 택한다.

5. '말로 굴리는 조직'이 규모에서 무너지는 이유

말과 관계로 굴러가던 조직이 커지는 순간 '기억의 한계'에 부딪힌다.

초기에는 이런 말이 가능하다.

"그건 내가 알지."

"그 사람한테 물어보면 돼."

"우리끼리는 말하면 통하잖아."

그런데 팀이 늘고, 조직이 늘고, 프로젝트가 겹치면 '통함'의 범위가 급격히 줄어든다. 정보는 사람 머릿속에 있고, 결정은 대화 속에 있고, 기준은 회의실 공기 속에 있다. 누군가 퇴사하거나 부서가 바뀌면, 조직은 갑자기 기억을 잃는다.

글로벌 엔지니어링 리더십 커뮤니티인 LeadDev는 조직이 커질수록 즉흥적·캐주얼한 커뮤니케이션이 어려워지고, 직원 이동이 생기면 새로 온 사람은 맥락이 없어 더 힘들어진다고 설명한다. 즉, '말로 굴리는 운영'은 규모가 커질수록 자연스럽게 붕괴한다.

그렇다면 답은 관료주의인가? 아니다. '유능한 공식화'다

여기서 많은 조직이 두려워한다.

"문서화하면 느려지지 않나요?"

"프로세스 만들면 관료주의 아닌가요?"

이건 절반만 맞다. 공식화·체계화(formalization)는 잘못하면 관료주의가 된다. 하지만 제대로 설계하면 사람을 더 자유롭게 만든다.

조직이론에서는 공식화(formalization)가 '통제'가 될 수도, '지원'이 될 수도 있다고 본다. Adler&Borys는 이를 '강압적(coercive) 관료주의'와 '가능하게 만드는(enabling) 관료주의'로 구분한다. 기준과 절차

가 사람을 묶어 두는 족쇄가 아니라, 일을 더 잘하기 위한 가이드와 여지를 제공할 때, 공식화·체계화는 오히려 실행을 빠르게 만든다. 즉, 우리가 원하는 건 '문서가 늘어나는 조직'이 아니라, 필요한 기준만 남기고 나머지는 현장에 맡기는 운영 시스템이다. 이것이 바로 오토메이션(운영 루틴 자동화)의 본질이다.[12]

<table>
<tr><td align="center">핵심 정리</td></tr>
</table>

- 몰입이 깨지는 이유는 '열정 부족'이 아니라, 운영 병목이 연쇄적으로 작동하기 때문이다.
- 병목 5가지는 따로가 아니라 한 덩어리로 움직인다: 결정 지연 → 보고 과잉 → 피드백 지연 → 평가 시즌 오염 → 구두 운영 붕괴.
- 높은 위계·권력거리 환경에서는 발언이 줄어들 수 있다는 연구가 있고, 체면은 갈등·커뮤니케이션 방식에 영향을 준다는 연구가 있다.
- 연간 평정은 최신 편향과 갈등 회피를 강화해 운영을 오염시킬 수 있다.
- 규모가 커지면 즉흥적 커뮤니케이션은 한계에 부딪히며, '유능한 공식화'는 오히려 사람을 자유롭게 할 수 있다.

<table>
<tr><td align="center">10분 자가 점검</td></tr>
</table>

채점 기준: 아래 문항 중 7개 이상이 '예'라면, 문제는 개인이 아니라 운영 시스템이다.

☐ 중요한 결정을 내릴 때, 최종 결정권자가 회의마다 바뀐다

☐ '결정이 났다'고 느끼지만, 실행 담당·기한이 확정되지 않은 채 끝나는 경우가 있다

☐ 보고 자료가 '결정을 돕기'보다 '상태를 보여 주기'에 더 가깝다

☐ 피드백이 늦다(연말·프로젝트 종료 후·문제 폭발 후에야 나온다)

☐ 회의에서 반대 의견이 잘 나오지 않는다(특히 하위 직급)

□ 평가 시즌이 되면 협업이 줄고 개인 방어가 늘어난다

□ "그건 누구한테 물어보면 돼."가 핵심 운영 방식이다

□ 기록이 남지 않아 같은 논쟁이 분기마다 반복된다

□ 누가 퇴사·이동하면 프로젝트가 흔들린다

□ 문서·프로세스를 만들면 곧바로 '관료주의'라고 반발이 나온다(공식화의
목적이 '가이드'가 아닌 '통제'로 인식된다)

운영 진단 점수(Automation Score): 우리 조직 운영의 고장 지점 10분 진단

소식을 바꾸는 가장 빠른 길은 '정답을 찾는 것'이 아니라 고장 지점을 찾는 것이다. 운영 진단 점수는 어디부터 도입하면 가장 빨리 달라지는지를 10분 안에 결정하게 해 준다.

왜 진단부터 시작해야 하는가

많은 조직이 변화에 실패하는 이유는 의지가 약해서가 아니다. 시작점이 잘못되었기 때문이다.

어떤 조직은 '회의'가 문제라고 믿고 회의만 줄인다. 그런데 결정권이 불명확하면 회의가 줄어도 결정은 안 난다.

어떤 조직은 '피드백 문화'가 문제라고 믿고 교육을 한다. 그런데 목표·우선순위가 흔들리면 피드백은 늘 감정싸움이 된다.

어떤 조직은 '보고'를 줄인다. 그런데 기록이 없으면 더 큰 혼란이 생긴다. 즉, 문제의 원인이 팀에 있는지, 리더에 있는지, 전사 운영(루프)에 있는지를 구분하지 않으면 개선은 곧바로 되돌림(재작업)이 된다.

그래서 이 책은 '열심히 바꾸기' 전에 정확히 바꾸기를 먼저 한다. 운영 진단 점수는 그 출발점이다.

운영 진단 점수의 철학

운영 진단 점수는 성과 평가가 아니다. 문화 진단도 아니다. 이 점을 먼저 못 박아야 한다.

① 사람을 평가하지 않는다. 평가 대상은 개인이 아니라 운영 방식(반복)이다.

② 점수 자체가 목표가 아니다. 목표는 '고득점'이 아니라 첫 번째 도입 지점을 결정하는 것이다.

③ 정답이 아니라 증거로 답한다. "원래 우리는 그래요."가 아니라 최근 4주에 실제로 있었던 일로 답한다.

④ 점수보다 '격차'가 더 중요할 때가 많다. 같은 질문에 리더는 2점, 팀원은 0점을 준다면 그건 점수 문제가 아니라 현실 인식 격차다. 인식 격차는 곧 혼란의 원천이 된다.

10분 진단 진행법

혼자 해도 되고, 팀이 같이 해도 된다. 하지만 추천은 '혼자 → 같이'다.

Step 1. 범위를 정한다(최근 4주)

최근 4주를 기준으로 답하라("우리는 원래 잘해요."는 금지, "최근에 실제로 그랬나?"만 허용).

Step 2. 3레벨로 체크한다(팀, 리더, 전사)

- 팀 레벨(T): 우리 팀이 스스로 굴러가는가?
- 리더 레벨(L): 리더의 대화·피드백·결정이 운영으로 작동하는가?
- 전사 레벨(E): 우선순위·리듬·기록이 전사적으로 흔들리지 않는가?

Step 3. 0-2점으로 빠르게 표시한다

- 0점: 거의 아니다/없거나, 있어도 작동하지 않는다
- 1점: 가끔 된다/일부만 된다/사람에 따라 된다
- 2점: 대체로 된다/누구나 같은 방식으로 된다

Step 4. 합산하고 '가장 먼저 도입할 장치 1개'를 고른다

이 장의 마지막에 점수별 처방표가 있다. 그대로 따르면 된다.

1. 팀 레벨 진단(T-Score)

"우리 팀은 스스로 굴러가는가?"

팀 레벨은 A1~A4(정렬-약속-실행-축적)의 상태를 본다. 점수가 낮으면 팀은 '열심히'는 하지만, '개선'이 필요한 상황이다.

아래 문항을 0-2점으로 체크하라.

T-Score 체크리스트(총 16문항/0-32점)

점검 문항	0점	1점	2점
A1 Align(정렬)- 목표, 우선순위, 역할			
이번 주 '성과로 남길 1~3개'가 문서로 정리되어 있다.			
우선순위가 바뀌면 바뀐 이유와 기준이 남는다(기록, 공유).			
'누가 무엇을 책임지는지' 역할이 명확하다.			
다른 팀·부서 의존 관계(누가 무엇을 언제까지)가 보인다.			
A2 Agree(약속)- 협업 규칙, 소통 규약			
팀의 기본 협업 규칙(연락·응답·회의·결정 방식)이 합의되어 있다.			
갈등이 생기면 '사람 탓'이 아니라 규칙·기준으로 다시 정렬한다.			
협업 프로젝트에는 최소한의 공통 문서(목표, 역할, 리스크, 커뮤니케이션)가 있다.			
업무 전달이 '구두·메신저'로 끝나지 않고 남는 곳에 정리된다.			
A3 Act(결정·실행)- 회의, 결정, 액션			
회의는 '공유·토론·결정' 목적이 구분되어 있다.			

회의가 끝나면 결정·담당·기한이 남는다(액션 아이템이 사라지지 않는다).			
'누가 최종 결정자인지' 애매해서 실행이 멈추는 일이 드물다.			
팀은 집중 시간(회의 없는 블록)을 의도적으로 확보한다.			
A4 Archive(축적)- 성과, 근거, 학습			
성과가 '보고서'가 아니라 근거(증거)와 함께 남는다.			
실패·문제를 다룰 때 '비난'보다 원인-교훈-다음 행동이 남는다.			
반복되는 실수(같은 이슈)가 분기마다 재발하지 않게 학습이 축적된다.			
팀의 성과·학습이 쌓이는 '한곳'이 있다(찾을 수 있고, 업데이트된다).			

T-Score 해석(빠른 기준)

- 0-12점: 팀 운영이 '사람·감각'에 의존한다. → A1부터
- 13-20점: 일부는 되나 일관성이 없다. → 가장 약한 A 영역 1개부터
- 21-26점: 운영은 있으나 확장·유지 보수가 약하다. → A4 또는 A3 강화
- 27-32점: 팀은 스스로 굴러간다. → 이제는 리더·전사 레벨을 보라.
- 팁: 팀 점수가 낮으면 '동기 부여'를 해도 효과가 약할 수 있다. 먼

저 덜 헷갈리게 만들어야 몰입이 살아난다.

2. 리더 레벨 진단(L-Score)

"리더십이 '감각'이 아니라 '루틴'으로 작동하는가?"

리더 레벨은 A5 Appreciate(인정, 성장)를 중심으로 본다. 리더가 '좋은 사람'이어도, 루틴이 없으면 조직은 불안정해진다.

L-Score 체크리스트(총 10문항/0-20점)

점검 문항	0점	1점	2점
L-Score 문항			
팀원과 정기 1on1이 캘린더에 고정되어 있고, 실제로 지켜진다.			
1on1에서 성과·성장·관계가 뒤섞이지 않도록 구분해서 대화한다.			
피드백은 연말·사후가 아니라 수시로 주고받는다.			
피드백은 성격이 아니라 행동·사실·영향·요청 중심으로 진행된다.			
팀원이 '말하기 어려운 이슈'를 올릴 때, 리더가 방어하지 않고 구조화해서 다룬다.			
인정(Recognition)이 분위기 띄우기가 아니라 구체 행동·성과 근거와 연결된다.			

리더는 '결정권자·기준·기한'을 명확히 말하고 말 바꿈을 줄인다.			
업무가 몰릴 때 리더는 '더 하자'보다 '덜 하자(우선순위·진행 중인 일)'를 먼저 건드린다.			
리더의 판단·기준이 팀에 공유되어 '예측 가능성'이 있다.			
리더는 운영 시스템을 한 번 만들고 끝내지 않고 개선(버전 관리)한다.			

L-Score 해석(빠른 기준)

- 0-7점: 리더 운영이 이벤트 중심이다. → A5(대화·피드백·인정 루틴) 부터
- 8-13점: 리더가 노력하지만 일관성이 약하다. → 1on1 고정+피드백 기록부터
- 14-17점: 리더 루틴은 있으나 팀·전사 시스템과 연결이 약하다. → 팀 A3/A4와 연결
- 18-20점: 리더 루틴이 강하다. → 이제는 전사 루프(E)를 보라.

3. 전사 레벨 진단(E-Score)

"조직이 규모를 견디는 리듬(Loop)을 갖고 있는가?"

전사 레벨은 '누가 열심히 하느냐'가 아니라 전사가 흔들리지 않게 만드는 리듬(주간·분기·연간)과 우선순위 운영을 본다.

E-Score 체크리스트(총 10문항/0-20점)

점검 문항	0점	1점	2점
E-Score 문항			
전사·본부·팀의 방향이 연결되는 '큰 그림'이 있고, 구성원이 이해한다.			
분기 단위로 우선순위를 점검하고, 바뀌면 기준이 공유된다.			
동시에 벌이는 핵심 과제 수를 의식적으로 제한한다("다 해"가 기본값이 아니다).			
중요한 의사결정은 '회의가 아니라 결정 구조'로 굴러간다(결정권자·기준·기한이 명확).			
부서 간 협업에서 반복적으로 발생하는 충돌을 다루는 표준 프로토콜(규약)이 있다.			
리스크·이슈가 위로 올라가기 전에 팀에서 숨지 않고 표면화된다(침묵 시스템이 약하다).			
성과가 상향 보고로만 끝나지 않고, 조직 학습으로 재사용된다.			
조직 개편·조직 변경 시에도 핵심 루틴(리듬)이 유지되어 혼란이 관리된다.			
문서·회의·메신저의 역할이 정리되어, 정보가 헤매지 않는다("어디에 뭐가 있지?"가 줄어든다).			
운영 시스템을 '한 번 도입'하는 게 아니라 '매 분기 개선'하는 버전 관리 문화가 있다.			

E-Score 해석(빠른 기준)

- 0-7점: 전사 운영이 개인 역량·관계에 의존한다. → Loop(주간·분기 리듬)부터
- 8-13점: 일부만 된다. → 우선순위 제한+결정 구조부터
- 14-17점: 운영은 있으나 학습·재사용이 약하다. → Archive(A4) 체계화
- 18-20점: 전사 리듬이 강하다. → 이제는 팀·리더 세부 정밀화로 간다.

4. 점수별 처방: '먼저 도입할 장치 1개' 고르는 법

이 장의 결론은 간단하다. 점수를 봤다면, 이제 '첫 도입 지점 1개'를 고른다. 욕심내서 3개를 동시에 시작하면, 3주 안에 모두 멈출 수 있다.

Step A. 먼저, '레벨'을 고른다(팀, 리더, 전사)

- E-Score가 0-7점이면: 전사 루프가 없어서 팀이 고생한다. → 전사부터
- 그렇지 않고 L-Score가 0-7점이면: 리더 루틴이 불안정하다. → 리더부터
- 그렇지 않으면: 팀 운영의 결함이 핵심이다. → 팀부터

전사가 흔들리면 팀은 버퍼도 소진하고, 리더가 흔들리면 팀은 좋

아도 불안정하며, 팀이 흔들리면 성과가 축적되지 않는다.

Step B. 팀을 선택했다면, A1~A4 중 '최저점' 1개를 고른다

T-Score에서 A1~A4 네 영역을 각각 합산한다(각 0-8점). 영역별 솔루션은 앞으로 전개하면서 세부 내용을 이해할 수 있다.

- A1(정렬)이 최저면 → Goal Sheet(한 장 정렬)부터
- A2(약속)이 최저면 → Working Agreement+Comms Doc부터
- A3(결정·실행)이 최저면 → Meeting OS+Decision Log부터
- A4(축적)이 최저면 → Performance Sheet+Post-Mortem부터
- 원칙: 최저점 영역이 곧 '혼란이 새는 구멍'이다. 그 구멍부터 막아야 몰입이 돌아온다.

Step C. 리더를 선택했다면, A5 한 개만 도입한다

리더는 도구를 여러 개 깔면 망한다. 리더는 딱 하나만 도입해도 조직이 급격히 안정된다.

- A5 Appreciate(인정·성장) → CFR(Conversation Feedback Recognition) Log+1on1 운영(고정, 기록)

리더의 루틴이 잡히면 피드백이 빨라지고, 말하기가 쉬워지고, 문제가 작을 때 해결된다. 그 순간부터 조직의 '침묵 비용'이 줄어든다.

Step D. 전사를 선택했다면, 'Loop'를 먼저 고정한다

전사에서 가장 먼저 도입해야 할 것은 거창한 KPI/OKR 체계가 아니라 리듬이다.

- 주간 루프: 정렬(이번 주 우선순위 3개) → 실행 → 리뷰(학습)
- 분기 루프: 핵심 우선순위 선별 → 점검 → 개선(버전 관리)

전사 루프가 고정되면, 팀과 리더가 '어디에 맞춰야 하는지'가 명확해진다. 그때부터 팀 도구(A1~A4)와 리더 도구(A5)가 같은 방향으로 돌아간다.

5. '점수보다 중요한 것': 인식 격차 2가지 패턴

팀과 리더가 같이 진단했을 때 가장 자주 나오는 격차는 두 가지다.

패턴 1. 리더는 높게, 팀은 낮게 준다

- 리더는 '있다고 믿는데' 팀은 '작동하지 않는다'고 느낀다.
- 보통 '기록·공유·결정'이 빠져 있을 가능성이 높다. → A3(결정·실행)부터 도입하면 격차가 빠르게 줄어든다.

패턴 2. 팀은 높게, 전사는 낮게 나온다

- 팀은 잘 굴러가는데, 우선순위·리듬이 위에서 흔들린다.
- 팀이 계속 뒤집히며 소진된다. → 전사 Loop부터 고정해야 팀을

살릴 수 있다.

<table>
<tr><td colspan="1" align="center">핵심 정리</td></tr>
</table>

- 운영 진단 점수는 평가가 아니라 도입 순서를 정하는 도구다.
- 팀·리더·전사 3레벨로 보지 않으면, 개선은 쉽게 되돌림이 된다.
- 점수는 '높고 낮음'보다 첫 장치 1개를 고르는 데 쓰면 된다.
- 첫 장치를 도입하고 2주만 굴려도, 대부분 조직은 '덜 헷갈리게' 된다. 그 순간 몰입이 돌아오기 시작한다.

<table>
<tr><td colspan="1" align="center">10분 자가 점검</td></tr>
</table>

- 우리 조직의 T/L/E 점수는 각각 몇 점이며, 가장 낮은 레벨은 무엇입니까?
- A1~A4 중 최저점인 장치 1개는 무엇이며, 그 근거가 된 문항은 무엇입니까?
- 진단 결과를 '사람 문제'로 해석해 버린 사례가 있습니까? (있다면 어떤 구조 문제로 번역할 수 있습니까?)
- 2주 파일럿으로 도입할 '첫 장치 1개'를 고른다면 무엇이며, 성공을 판단할 증거 1~2개는 무엇입니까?
- 진단 결과를 공유할 때 평가·비난으로 느껴지지 않게 만드는 '첫 문장'은 무엇입니까?

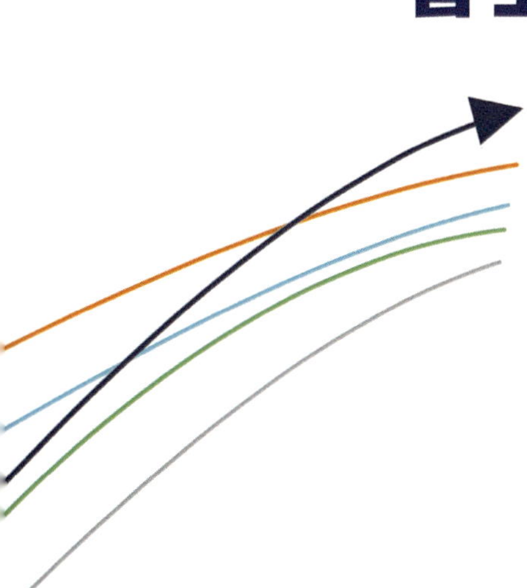

PART 2

『팀 오토메이션』 실행 모델: A5-Loop 운영 체계™

A5-Loop 한 장 지도: 조직을 굴리는 5개 장치와 3개 리듬

프레임워크 이름이 아니라, 운영 장치(5개)와 리듬(3개)이 조직을 굴린다.

A5-Loop는 '설명'이 아니라 한 장으로 도입 가능한 운영 시스템 지도다.

"OKR, KPI와 A5-Loop는 다른 점이 무엇인가요?"
"어떤 것을 도입하면 좋을까요?"

A5-Loop를 비유적으로 표현하면 다음과 같다.

- OKR, KPI는 성과를 내기 위한 훌륭한 '앱(App)'이다.
- 하지만 최신 앱도 운영 체제(OS)가 불안정하면 실행되지 않는다.

- A5-Loop는 앱을 대체하지 않는다. 앱이 제대로 돌아가게 만드는 '기초 운영 체제(OS)'다.
- 목표를 세우고(Align), 약속을 만들고(Agree), 결정을 남기고(Act), 학습을 축적하고(Archive), 리더의 대화를 루틴으로 고정하는 것 (Appreciate).

이 5개 장치가 깔려야 OKR도, KPI도 '캠페인'이 아니라 '기본값'으로 작동한다.

그래서 이 책은 해답을 '이름'에서 찾지 않는다. 조직이 필요한 것은 작동 방식이다.

다시 강조하지만, 팀 오토메이션은 기술 자동화가 아니다. '운영 루틴'이 표준으로 반복되게 만드는 운영 설계다.

사람이 바뀌어도, 일이 몰려도, 위기 상황에서도 개인의 희생에 의존하지 않고 성과가 재현되도록 만드는 상태, 그 루틴을 한 장으로 묶어 둔 지도가 A5-Loop 운영 체계™다.

A5-Loop는 사람을 바꾸는 것이 아니라 시스템을 바꾸는 운영 체계(OS)다. 『Scaling People』은 조직이 커질수록 '좋은 사람'에게만 기대는 방식으로는 지속 가능한 성과를 만들기 어렵고, 더 명확한 운영 시스템이 필요하다고 강조한다.[16] 이 책은 우리 현장에 맞게 A5-Loop라는 모델로 구체화한 것이다.

1. A5-Loop를 한 장으로 이해하는 법

이 모델은 어려운 이론이 아니다. '조직이 굴러가기 위해 반드시 필요한 것'을 3층으로 나눠서 담은 지도다.

- A5(장치): 조직이 굴러가게 만드는 5개의 핵심 장치
- Loop(리듬): 장치를 굳히는 3개의 리듬(주간-분기-연간)
- U-D-E 90(도입, 정착): 90일 안에 운영 체계를 도입하고 정착시키는 실행 경로

이 장의 목표는 딱 하나다.

3장(운영 진단 점수)에서 '어디가 고장인지'를 찾았다면, 4장에서는 '어떻게 고쳐서 굴릴지'를 한 장 지도 위에 올려놓는다.

2. A5-Loop 한 장 지도

아래는 A5-Loop 운영 체계를 한 장으로 정리한 지도다. 이후 장에서는 이 지도를 기준으로 '장치(A1~A5)'와 '리듬(Loop)'을 하나씩 도입한다.

가장 안쪽: A5 장치

Align(정렬)

- 목표·우선순위·역할·의존 관계를 한 장으로 고정한다.
- 혼란의 1차 방지 장치

Agree(약속)

- 협업 규칙(소통, 갈등, 업무 전달, 문서화)을 합의하고 지킨다.
- 사람을 바꾸지 않고 행동을 바꾸는 장치

Act(결정·실행)

- 회의가 토론으로 끝나지 않게, 결정·기록·액션이 남게 만든다.

- 속도를 만드는 장치

Archive(축적)

- 성과·근거·학습을 남겨 '매번 처음'을 끊는다.
- 조직 지능을 만드는 장치

Appreciate(인정·성장)

- 리더의 대화·피드백·인정이 루틴으로 돌아가게 만든다.
- 몰입과 성장을 지속시키는 장치

Loop 리듬 : 장치를 견고하게 하는 3개의 루프

- 주간 루프(Weekly): 정렬 → 실행 → 리뷰(학습)
- 분기 루프(Quarterly): 핵심 우선순위 선별 → 점검 → OS 개선(버전 관리)
- 연간 루프(Annual): 연초-반기-연말(방향·성과·학습이 끊기지 않는 캘린더)

아래: 도입 경로(90일, 조직 상황에 따라 기간은 달라질 수 있다)

- U(Understand) 0-2주: 혼란을 측정 가능한 언어로 진단, '첫 장치 1개' 선정
- D(Do) 3-8주: 팀 장치(A1~A4) 도입 후 주간 루프로 굴림
- E(Embed) 9-12주: 리더 장치(A5)로 굳힘+분기 루프로 확산 준비

구간	목표	핵심 행동(최소)	남겨야 할 산출물
0-2주 (Understand)	혼란을 '측정 가능한 언어'로 바꾼다	운영 진단 점수 10분 진단 최저점 장치 1개 선택	진단 점수표 1장 '첫 장치' 선정 이유 3줄
3-4주 (Do-1)	A1 정렬을 고정한다	Goal Sheet 1장 작성 주간 정렬 30분 시작	Goal Sheet v0.1 주간 루프 캘린더
5-6주 (Do-2)	A2 협업 규칙을 합의한다	Working Agreement 1페이지 Comms Doc 1페이지	합의 문서 링크 협업 문서 v0.1
7-8주 (Do-3)	A3 회의 → 결정 → 실행을 잇는다	Meeting OS 라벨링 Decision Log 운용	Decision Log 3건 이상 액션 아이템 추적
9-10주 (Embed-1)	A4 성과·학습을 축적한다	Performance Sheet 주간 1장 Post-Mortem 1건	증거 (데이터, 사례, 링크) 재발 방지 액션
11-12주 (Embed-2)	A5 리더 루틴으로 굳힌다	CFR Log 3줄/주 1on1 고정(주/격주)	CFR Log 누적 패턴 리뷰 30분

3. A5(장치): 조직을 굴리는 5개 장치의 의미

여기서는 각 장치를 '정의+없을 때 증상+최소 적용 기준'으로만 정리한다. 다음 파트(PART 3~4)에서 장치별로 깊게 들어간다.

A1. Align(정렬)

정의

조직(또는 팀)이 이번 주·이번 분기에 성과로 남길 것을 뽑고, 그 일을 누가 소유하고, 무엇과 충돌하고, 무엇에 의존하는지까지 한 장으로 고정하는 장치.

없을 때 나타나는 증상(한 문장)

바쁜데 무엇이 성과인지 합의되지 않는다.

- 우선순위가 회의에서 바뀌고 메신저에서 뒤집힌다.
- "지금 제일 중요한 게 뭐지?"가 하루에 여러 번 나온다.
- 팀이 동시에 붙잡는 일이 계속 늘어난다.

최소 적용 기준

- Goal Sheet(한 장): 목표·우선순위·역할·의존 관계·완성 기준
- 핵심 원칙: 정렬은 '목표 글쓰기'가 아니라 선택의 기준을 고정하
  는 것이다.

A2. Agree(약속)

정의

협업이 '좋은 사람'에게 기대지 않도록, 소통·갈등·업무 전달·문서화
규칙을 합의하고 기록해 운영하는 장치.

없을 때 나타나는 증상

협업이 관계와 감정에 좌우된다.

- 말은 했는데 "난 그렇게 이해 안 했는데요?"가 반복된다.
- 갈등이 커지면 사람 탓이 되고, 조용해지면 침묵이 된다.
- 프로젝트가 커질수록 커뮤니케이션 비용이 폭증한다.

최소 적용 기준

- Working Agreement(팀 협업 규칙)
- Comms Doc(협업 프로젝트 공통 문서)
- 핵심 원칙: 약속은 '예쁜 규범'이 아니라 분쟁을 줄이는 운영 프로토콜이다.

A3. Act(결정·실행)

정의

회의를 줄이는 것이 아니라, 회의가 결정과 실행으로 연결되게 만드는 장치. '무엇을 논의했는가'가 아니라 무엇을 결정했고, 누가 언제까지 하는가가 남도록 설계한다.

없을 때 나타나는 증상

회의는 많은데 결정이 남지 않는다.

- 같은 이슈가 회의마다 다시 등장한다.
- 결재·합의 라인이 불명확해서 실행이 멈춘다.
- '결정은 위로, 책임은 아래로'가 기본값이 된다.

최소 적용 기준

- Meeting OS(회의 운영 템플릿): 목적·아젠다·기록·액션 규칙
- Decision Log(결정 기록): 결정권자·기준·기한·공유 방식
- Weekly Operating Calendar(주간 운영 달력): 몰입 시간을 확보하는 리듬
- 핵심 원칙: 속도는 열정이 아니라 결정 구조에서 나온다.

A4. Archive(축적)

정의

성과와 실패를 '보고로 소비'하지 않고, 근거와 학습을 남겨 조직 자산으로 축적하는 장치.

없을 때 나타나는 증상

조직이 분기마다 같은 실수를 다른 이름으로 반복한다.

- 성과가 개인 기억에만 있고, 사람 이동·퇴사 시 사라진다.
- 실패가 비난으로 끝나고 교훈이 남지 않는다.
- "다음엔 잘하자"가 반복되지만 실제로는 안 변한다.

최소 적용 기준

- Performance Sheet(성과·근거·학습 한 장)
- Post-Mortem(실패 해부 리포트)
- 핵심 원칙: 축적이 없으면, 조직은 영원히 매번 처음처럼 일한다.

A5. Appreciate(인정·성장)

정의

리더의 대화·피드백·인정이 '감각'이 아니라 루틴으로 돌아가게 만드는 장치. 수시 피드백이 돌아가면 문제는 작을 때 해결되고, 팀은 몰입을 회복한다.

없을 때 나타나는 증상

피드백이 늦어지고, 결국 평가 시즌에 폭발한다.

- 체면·위계 때문에 말이 늦고, 문제는 커진다.

- 리더가 바쁘면 팀 운영이 바로 흔들린다.

- 인정이 사라지면 몰입도 사라진다('해도 티가 안 난다').

최소 적용 기준

- CFR Log: Conversation-Feedback-Recognition 기록

- 1on1 운영(고정+구분+기록)

- 핵심 원칙: 성장의 문화는 이벤트가 아니라 주간 루틴에서 만들어진다.

4. Loop(리듬): 주간-분기-연간 루프가 왜 핵심인가

A5 장치는 도입만으로 굳지 않는다. '좋은 템플릿'이 아니라 반복 리듬이 있어야 습관이 된다. 그래서 A5-Loop에서 Loop는 선택이 아니라 필수다.

주간 루프(Weekly): 몰입을 되살리는 최소 심장 박동

목적

이번 주에 성과로 남길 것을 정렬하고, 실행을 방해하는 것을 제거하며, 학습을 다음 주로 가져간다.

구성(가장 단순한 형태)

- 정렬(Align, 20~30분): 이번 주 1~3개, 우선순위·의존 관계 확인

- 실행(Act, 주중): 몰입 블록 확보, 결정·이슈는 기록
- 리뷰(Archive, 20~30분): 성과·근거·학습, 다음 행동 1개만 남기기

주간 루프가 서면 '긴급'이 줄고, '몰입 시간'이 살아난다.

조직 상황에 따라서는 격주 루프로 운영되기도 한다.

분기 루프(Quarterly): OS를 '개선'하는 리듬

목적

동시에 하는 일(WIP: Work in Progress, 진행 중인 일)을 제한하고, 우선순위를 재정렬하고, 운영 시스템을 버전업 한다(한 번 만든 방식이 낡기 때문이다).

분기 루프의 최소 질문 4개

① 이번 분기, 우리가 하지 않을 것은 무엇인가?

② 병목은 어디에 있었나(결정, 협업, 기록, 피드백)?

③ A5 중 어떤 장치를 한 단계 강화할 것인가?

④ 다음 분기에 지킬 '운영 원칙 1개'는 무엇인가?

분기 루프가 없으면 조직은 '행사'만 반복하고, 운영은 늙어 간다.

연간 루프(Annual): 방향과 학습이 끊기지 않게 하는 캘린더

연간 루프는 조직이 길을 잃지 않게 하는 장치다.

- 연초: 방향과 선택(우선순위 선별과 제한)
- 반기: 재정렬(현실 반영)

- 연말: 성과의 축적과 다음 해 설계(학습)

연간 루프가 있으면 평가 시즌이 운영을 오염시키는 것을 줄일 수 있다. 평가가 '심판'이 아니라 '운영의 결과 확인'으로 이동하기 때문이다.

5. 90일 도입·정착: Understand-Do-Embed(U-D-E 90)

이 책은 '좋은 운영'을 말하는 책이 아니다. 바로 적용하는 책이다. 그래서 90일 경로가 필요하다. 여기서는 큰 그림만 제시한다. (세부 실행은 Part 5의 도입 장에서 다시 다룬다.)

U(Understand) 0-2주: 고장 지점을 찾고, 첫 장치 1개를 고른다

- 운영 진단 점수로 팀·리더·전사 고장 지점 파악
- '가장 먼저 도입할 장치 1개' 선정
- 성공 기준(무엇이 달라지면 성공인가?) 합의

산출물

- 1페이지 진단 요약+첫 장치 선택+2주 실행 계획

D(Do) 3-8주: A1~A4를 도입하고 주간 루프로 굴린다

- 팀 장치를 도입한다(정렬, 약속, 결정, 축적).
- 매주 루프를 돌린다(정렬 → 실행 → 리뷰).
- '문서만 만들고 안 굴리는 실패'를 막기 위해 운영 스크립트를 사

용한다.

산출물

- Goal Sheet/Working Agreement/Meeting OS/Performance Sheet 초안
- 4주차 주간 루프 기록

E(Embed) 9-12주: A5로 굳히고, 분기 루프를 붙인다

- 리더의 CFR/1on1 루틴을 고정한다.
- 팀의 운영이 사람 의존에서 시스템 의존으로 이동한다.
- 분기 루프(모니터링을 통한 버전업)를 시작한다.

산출물

- CFR Log+1on1 운영 합의
- 분기 개선 항목 3개(다음 분기 개선 리스트)

6. '프레임워크 이름 없이도 작동하는 운영 시스템'의 조건

여기서부터가 이 책의 고유한 철학이다. 이 조건을 만족하면, 조직은 어떤 이름을 쓰든 잘 굴러간다. 반대로 이 조건이 없으면, 어떤 유명 프레임워크를 도입해도 오래 못 간다.

조건 1. 이름이 아니라 기능으로 설계한다

- "OKR/KPI를 하자"가 아니라 "성공의 정의를 맞추자".
- "애자일 하자"가 아니라 "결정과 학습의 리듬을 만들자".

기능이 같으면 이름은 달라도 된다. 이름이 같아도 기능이 다르면 실패한다.

조건 2. 문서·회의·기록·대화로 '반복물'을 만든다

운영 시스템은 슬로건이 아니라 반복물(artifact)로 존재해야 한다.

- 한 장 정렬(Goal Sheet)
- 협업 약속(Working Agreement)
- 회의 운영(Meeting OS)
- 성과 축적(Performance Sheet)
- 리더 루틴(CFR/1on1)

반복물이 없으면 운영은 사람 머릿속에서만 존재하고, 그 사람과 함께 사라진다.

조건 3. 결정권·기준·기한이 명시된다

몰입을 약화시키는 핵심은 '애매함'이다. 애매함을 줄이는 가장 강력한 방법은 결정 구조를 명시하는 것이다.

- 누가 결정하는가?

- 어떤 기준으로 결정하는가?
- 언제까지 결정해야 하는가?
- 어떻게 공유되는가?

조건 4. 리듬이 고정되고, 예외가 관리된다

고성과 조직은 '예외가 없는 조직'이 아니다. 예외가 생겨도 리듬이 유지되는 조직이다.

- 주간·격주 루프는 지킨다.
- 분기 점검은 한다.
- 연간 루프는 끊지 않는다.

리듬이 끊기면 운영은 곧바로 구두·관계·야근으로 되돌아간다.

조건 5. 성과는 보고로 소비되지 않고 학습으로 축적된다

조직이 커질수록 '축적'이 없으면 속도는 떨어진다. 성과를 자산으로 남겨야 조직은 더 빨라진다.

- 성과(무엇을 했다)
- 근거(왜 그렇게 했다)
- 학습(다음에 더 잘할 것)

조건 6. 운영은 가볍고, 강제보다 '가능하게' 만든다

운영 시스템은 팀을 묶는 족쇄가 아니라, 팀을 자유롭게 만드는 가이드여야 한다.

- 최소한만 정한다(한 장, 한 루프).
- 불필요한 승인·문서·회의를 줄인다.
- 현장에 자율을 남긴다.

운영이 무거워지면 사람들은 다시 '구두 운영'으로 돌아간다.

조건 7. 개선 사항(버전 관리)이 내장된다

운영은 한 번 만들어 끝나지 않는다. 조직, 제품, 시장이 변하면 운영도 변해야 한다.

- 분기마다 OS를 1%라도 바꾼다.
- '낡은 규칙'을 과감히 버린다.
- 새 규칙은 작은 실험으로 검증한다.

7. 이 한 장 지도를 '지금 바로' 쓰는 법

3장에서 운영 진단 점수를 했을 것이다. 그 점수를 이 지도 위에 올려라.

Step 1: 팀·리더·전사 중 '가장 흔들리는 레벨'을 표시한다.
Step 2: A5 중 가장 약한 장치 1개에 동그라미를 친다.

Step 3: 그 장치의 최소 적용 기준 1개만 이번 주에 깐다.

Step 4: 주간 루프(정렬-실행-리뷰)로 2주만 굴린다.

Step 5: 2주 뒤, 점수를 다시 매기고 '다음 장치 1개'를 고른다

욕심내서 3개를 동시에 도입하면, 대부분 실패한다. 1개를 도입하고 '돌아가게' 만드는 것이 오토메이션의 시작이다.

오늘 30분, 'A5-Loop 한 장'을 완성하는 질문 10개

아래 질문에 답하면, 우리 조직의 A5-Loop 지도가 완성된다.

① 이번 주 성과로 남길 1~3개는 무엇인가?

② 지금 동시에 진행 중인 핵심 과제는 몇 개인가? (너무 많으면 무엇을 멈출 것인가?)

③ '결정권자'는 누구인가? 결정 기준은 무엇인가?

④ 팀의 협업 규칙(응답, 회의, 문서화)은 무엇인가?

⑤ 갈등이 생기면 어떤 절차로 해결하는가?

⑥ 회의는 공유·토론·결정 중 무엇이며, 끝나면 무엇이 남는가?

⑦ 몰입 시간을 언제, 어떻게 확보하는가?

⑧ 성과·근거·학습은 어디에 축적되는가?

⑨ 최근 실패 1건에서 무엇을 배웠고, 무엇을 바꿨는가?

⑩ 리더는 1on1·피드백·인정을 어떤 리듬으로 운영하는가?

이 10개 답이 한 장에 정리되면, 조직은 놀랍도록 빨리 '덜 헷갈리게' 된다. 덜 헷갈리면 몰입이 돌아오고, 몰입이 돌아오면 고성과는

반복될 준비를 마친다.

<table>
<tr><td colspan="1" style="background:#ccc; text-align:center;">핵심 정리</td></tr>
</table>

- 4장. A5-Loop 한 장 지도: 조직을 굴리는 5개 장치와 3개 리듬에서 가장 중요한 것은 '운영의 기본값'을 바꾸는 것이다.
- 도구는 많아 보이지만, '한 장·한 회의·한 루틴'으로 쪼개면 실행 난이도가 급격히 낮아진다.
- 문서보다 리듬(캘린더)과 반복(루틴)이 먼저 붙어야 지속된다.

<table>
<tr><td colspan="1" style="background:#ccc; text-align:center;">10분 자가 점검</td></tr>
</table>

- ☐ 우리 팀·조직에서 A1~A5 중 '없거나 약한 장치'는 무엇입니까?
- ☐ 주간 리듬(정렬 → 실행 → 리뷰)이 캘린더에 고정되어 있습니까? (시간·참석자·산출물은 무엇입니까?)
- ☐ 분기 리듬(도입 → 운영 → 개선)에서 실제로 '버전업'이 일어납니까? (패치 노트가 남습니까?)
- ☐ 성과·근거·학습이 쌓이는 '한곳'은 어디입니까? 링크 구조는 있습니까?
- ☐ 리더 루틴(A5)이 약해서 반복되는 문제 1가지는 무엇이며, 어떤 루틴으로 보완할 수 있습니까?

팀 운영 자동화: 4개의 장치로 '스스로 굴러가게' 만들기

A1 Align(정렬): 목표·우선순위·역할을 '한 장'으로 고정하라

팀이 몰입하지 못하는 이유는 '집중력이 약해서'가 아니라, 무엇에 집중해야 하는지 계속 바뀌기 때문이다. A1 정렬은 그 혼란을 끊기 위해 목표·우선순위·역할·의존 관계를 '한 장'으로 고정한다.

여기서 '목표를 적는 것'은 감시가 아니다. '내가 어디로 뛰어야 하지?'라는 불안을 줄여 주는 장치다. 우선순위가 문서로 고정되면 팀원은 눈치를 보며 방향을 추측할 필요가 없다. A1은 팀에게 예측 가능한 안전을 제공하는 첫 번째 장치다.

"이번 주 1순위가 뭐였죠?"

어느 팀의 화요일 오후, 팀장이 말했다.

"이번 주 최우선은 A예요. 다들 A에 집중해요."

그런데 수요일 오전이 되자 상황이 바뀐다.

- 임원 메시지: "B는 오늘 방향 잡아야 한다."
- 협업 부서 요청: "C는 이번 주 안에 자료 필요해요."
- 고객 클레임: "D는 지금 바로 대응해야 한다."

팀원은 멀쩡히 일하던 A를 끊고, B로 넘어갔다가, C로 넘어갔다가, D로 튄다. 그리고 퇴근 직전에 팀장은 이렇게 말한다.

"왜 A가 아직도 안 끝났지?"

이때 팀원은 마음속으로 반박한다.

'그럼 도대체… 뭐가 1순위였죠?'

여기서 중요한 사실 하나. 이 팀의 문제는 '열심히'가 아니다. 이 팀은 충분히 열심히 했다. 이 팀의 문제는 정렬(Align)이 없다는 것이다.

정렬이 없으면 팀은 다음을 매일 반복한다.

- 중요한 일이 바뀐다.
- 기준이 바뀐다.
- 역할이 바뀐다.
- 요청이 늘고, 설명이 늘고, 수정이 늘고, 회의가 늘어난다.
- 그리고 몰입은 사라진다.

그래서 PART 3(팀 운영 자동화)은 A1 정렬에서 시작한다. 왜냐하면 정렬이 없으면, 어떤 도구(회의, 협업, 성과 관리)도 '제대로' 작동하지 않기 때문이다.

1. A1 정렬의 핵심: '한 장'이 조직을 구한다

많은 팀이 정렬을 하려고 한다. 그런데 실패한다. 이유는 단순하다.

- 정렬을 거창한 문서로 만든다(길고 복잡하다 → 읽지 않는다).
- 정렬을 한 번의 회의로 끝내려 한다(그날은 정렬, 다음 날은 혼란).
- 정렬을 말로만 한다(기억은 사람마다 다르다).

A1 정렬의 핵심은 오히려 반대다.

정렬은 작게, 얇게, 자주. 그리고 '한 장'으로 남겨서 누구나 같은 그림을 보게 하라.

'한 장'은 단순한 분량 제한이 아니다. 한 장은 팀에 이런 질문을 강제한다.

"그래서 지금 우리가 성과로 남길 것은 정확히 뭐지?"

"그걸 위해 무엇을 포기하지?"

"누가 소유하지?"

"어디에서 막히지?"

이 질문이 살아 있는 팀은, 생각보다 훨씬 덜 흔들린다.

자율이 작동하려면 '우리가 무엇을 위해 무엇을 우선하는지'가 문서로 공유되어야 한다.[19] '규칙 없음'이 가능한 조직은 오히려 '맥락'을 더 단단하게 공유한다. 넷플릭스(Netflix)는 'Freedom and Responsibility' 문화를 바탕으로 '통제보다 맥락(Context)'을 강조해 왔다.

정렬에는 두 방향이 있다. 팀 내부의 수평적 정렬(Team Internal

Alignment)과 전사 목표와의 수직적 정렬(Vertical Alignment/Cascading)이다. 수평만 맞으면 '우리 팀끼리는 손발이 척척 맞는데, 회사가 가려는 방향과는 딴판으로 달리는' 고효율의 바보 팀이 나온다.

그래서 Goal Sheet는 '우리 팀의 할 일 목록'이 아니라 '회사 전략의 실행 계약서'가 되어야 한다. 첫 줄에서 상위 목표를 확인하고, 마지막 줄에서 스폰서와 합의(Handshake)로 잠가라.

Tip: A1을 '수직 정렬'까지 완성하는 3가지 장치

- Section(연결): Goal Sheet 맨 위에 '상위 목표(North Star)'를 먼저 적어라. (전사·본부 목표 → 우리 팀 목표 G1~G3의 기여 한 줄)
- Sponsor: 스폰서는 도장이 아니라 '정렬 확인자'다. "이 목표(G1)를 달성하면, 우리 회사의 상위 목표가 달성되는가?"만 확인하라.
- Handshake: 바텀업은 통보가 아니라 협상이다. Goal Sheet를 썼다면 스폰서와 '정렬 미팅'을 해서 Stop/리소스를 주고받고 합의하라.
- 팀장: "전사 목표 달성을 위해 우리는 A를 하겠습니다. 대신 B는 Stop 하겠습니다."
- 스폰서: "B는 포기하면 안 된다. 대신 C를 빼고 리소스를 더 주겠다."

---

2. Goal Sheet: 정렬을 고정하는 '한 장 문서'

A1 정렬의 표준 도구가 Goal Sheet다. 이 책에서 Goal Sheet는 '목표를 예쁘게 쓰는 문서'가 아니다.

Goal Sheet는 팀이 이번 기간(주, 월, 분기)에 성과로 남길 것과, 그것을 방해할 혼란을 미리 정리하는 운영 장치다.

Goal Sheet가 반드시 포함해야 할 요소

- 연결(Alignment): 상위 목표(Company, Division Goal) 한 줄+우리 팀 기여(Contribution) 한 줄

목표(결과): 성과로 남길 1~3개

① 우선순위(선택): 무엇이 1순위인지+바뀔 때 기준

② 역할(소유): 누가 책임지고, 누가 돕고, 누가 결정하는지

③ 의존 관계(막힘): 어디에서 막힐지(타 팀, 승인, 리소스, 기한)

이것이 빠지면 Goal Sheet는 문서가 아니라 장식이 된다.

스퍼트나우 컨설팅 노트

"목표를 적어 오십시오."라고 하면, 목표 칸에 '숙제(할 일)'부터 적어 오는 경우가 많다.

Goal(목표) 칸에는 Task(할 일)를 쓰지 마십시오. '보고서 작성'은 과정이지 목표가 아니다.

Goal에는 '내가 무엇을 했는가'가 아니라 '그 결과 무엇이 남는가'를 적어라.

(예: '보고서 작성' → '의사결정에 필요한 인사이트 3개 확보')

팀장에게 던질 질문은 이 한 가지다. "그래서 그 일을 하면 숫자가 어떻게 달라지는가? 혹은 고객에게 무엇이 전달되는가?"

템플릿: Goal Sheet 1페이지 양식

아래 템플릿은 그대로 복사 및 붙여 넣기 해서 쓰도록 설계했다.

Goal Sheet(1페이지 양식)

Goal Sheet(기간: __년 __월 __일 ~ __월 __일 / 주·월·분기 선택)

팀/프로젝트: ____________________

스폰서(정렬 확인/승인): ____________________

[Section 0. 연결] 우리의 상위 목표(Company/Division Goal)

- 이번 분기 전사/본부의 최우선 과제: ____________________
- 우리의 G1~G3는 위 목표의 무엇을 해결하는가?:

  ____

- 한 줄 기여 문장: "우리의 G1은 전사의 [ ] 목표 달성에 기여한다."

1) 이번 기간 '성과로 남길 1~3개' (결과 중심)

- G1: ____________________

Key Result(성공의 증거)(측정/확인 방법): ____________________

- 필요충분 검증: 이 KR들이 충족되면 G가 달성되었다고 말할 수 있는가?

완료(끝) 기준(Definition of Done): ____________________

Owner(소유자): ____________ Support(지원): ____________________

의존 관계(필요한 입력·승인·협업): ____________________

- G2: ____________________

Key Result(성공의 증거): ____________________

- 필요충분 검증: 이 KR들이 충족되면 G가 달성되었다고 말할 수 있는가?

완료 기준: ____________________

Owner: ____________ Support : ____________ _

의존 관계: ____________________

- G3(선택): ____________________

Key Result(성공의 증거): ____________________

- 필요충분 검증: 이 KR들이 충족되면 G가 달성되었다고 말할 수 있는 가?

완료 기준: __________

Owner: _____ Support: __________

의존 관계: __________

2) 우선순위(1~3)와 동시 진행 제한(WIP)

- Priority: 1) G ___ 2) G ___ 3) G ___

- 동시 진행 상한(권장): 핵심 과제 ___ 개 이내

- 새 일이 들어오면: '들어오는 것 1개=나가는 것 1개' 원칙 적용

3) 이번 기간 '하지 않을 것(Stop List)' 1~3개

- S1: __________

- S2: __________

- S3: __________

4) 주요 리스크·병목(예상되는 막힘)&대응

- Risk 1: _____ / 대응: __________

- Risk 2: _____ / 대응: __________

5) 운영 리듬(이번 기간)

- 주간 정렬 미팅: 요일/시간 _______ / 30분

- 중간 점검(선택): _______ / 15분

- 리뷰(학습·성과 기록): _______ / 30분

6) 우선순위 변경 기록(변경 이력)

- 날짜: _____ / 변경 내용: _____ / 이유: __________

무엇을 내려놓나(Stop): _____ / 승인자: __________

Goal Sheet SAMPLE(예시)	
연결(Alignment)	상위 목표: 신규 고객의 첫 가치 경험을 앞당기고 초기 이탈을 줄여 활성 고객 기반을 확대한다. 우리 팀 G1~G3 기여: G1 계약 후 첫 성공 경험까지 14일 → 7일 단축 G2 온보딩 드롭 Top 3 제거 → 2주차 이탈률 20%p 개선
G1(핵심 결과)	계약 후 '첫 성공 경험'까지 중앙값 14일 → 7일 증거: CRM 계약일 + 핵심 행동 이벤트 로그(주간) 완료 기준: 4주 연속 중앙값 7일 이하+7일 이내 도달률 70% 이상 Owner: 김OO(성장)/Support: 박OO(CS), 이OO(영업), 최OO(데이터)
G2(핵심 결과)	온보딩 드롭 Top 3 원인 제거 → 2주차 이탈률 20%p 개선 증거: 이탈 사유 태깅(콜로그, 설문)+개선 전후 비교 완료 기준: 원인별 '영구 조치' 1개 이상 적용+지표 개선 확인
우선순위/WIP	Priority: 1) G1 2) G2 동시 진행 상한: 핵심 과제 2개(들어오는 것 1개=나가는 것 1개)
Stop List	S1 신규 기능성 요구는 '정의만' 하고 이번 분기 착수 중단 S2 중복 보고서 2종은 하나로 통합(추가 보고 금지) S3 즉흥 요청은 '요청 템플릿' 없으면 접수하지 않음
도입 장치(1~3개)	D1 주간 30분 스탠드업(진척·막힘·결정만) D2 Decision Log 1페이지 고정(결정-담당-기한) D3 WIP 2개 제한+막힘은 24시간 내 에스컬레이션
리듬(캘린더)	매주 월 09:30 스탠드업(30분) 매주 금 16:00 지표 리뷰+막힘 제거(40분) 매주 1회: 스폰서 10분 체크(결정만)
10분 자가 점검	1) Top 1 목표를 한 문장으로 말할 수 있는가? 2) 이번 주 Top 1 액션의 Owner·기한이 명확한가? 3) 막힘을 '사람'이 아니라 '시스템'에서 먼저 찾는가?

3. '목표 용어 알레르기(OKR 반감)'를 피하는 '성공의 정의' 언어

많은 조직에서 'OKR'이라는 단어는 두 종류의 반감을 동시에 만든다.

- 반감 A: "또 유행이야? 또 캠페인이야?"
- 반감 B: "그거 IT·실리콘밸리 얘기 아니야?"
- 반감 C: "우리 현실에 맞게 쪼개면 결국 KPI랑 뭐가 달라?"

그래서 이 책은 이름으로 싸우지 않는다. 이 책은 '성공의 정의(Success Definition)'를 중심으로 말한다.

중요한 건 OKR을 하느냐가 아니라, '이번 기간 무엇이 성과로 남으면 성공인지'를 팀이 같은 언어로 말할 수 있느냐다.

목표는 3층으로 나뉜다(이걸 섞으면 망한다)

정렬이 실패하는 가장 흔한 이유는 목표 문장에 서로 다른 층이 섞이기 때문이다.

- 방향(의미·목적): 왜 이 일을 하는가?
- 결과(성과·Outcome): 무엇이 달라지면 성공인가?

Bad vs Good: 목표 문장 한 줄이 팀의 해석을 바꾼다

Tip: Objective·Key Result를 '기여'로 쓰는 3가지 규칙

- Objective(목표)는 '상태(Outcome)'다. '전략·수단(Strategy)'을 통해 → '어떤 상태'가 되는지 한 문장으로 써라.
- Bad: '매출 증대'
- Good: '신규 채널(수단) 확장을 통해 → 전사 매출의 20%를 점유하는 안정적 파이프라인 구축(상태)'
- Key Result(성공의 증거)는 Task가 아니다. "이 KR들을 달성하면 Objective가 달성되었다고 말할 수 있는가?"라는 필요충분 검증을 통과하라.
- Real Performance: 쉬운 목표 100%보다, 도전적인 목표 70%가 더 큰 기여(Contribution)를 만든다. 성과= 달성률×난이도(Challenge).
- 체크: 현재 방식으로 달성 가능한가? (Yes면 도전 낮음/No면 도전 높음)

Bad(행동·산출물 중심)	Good(결과·Outcome 중심)
목표: '상반기 마케팅 보고서 작성' → '무엇을 만들지'만 남고, 왜 하는지 성공 기준이 없다.	목표: '상반기 리드 수 30% 증가를 위한 신규 채널 2개 발굴' → '무엇이 달라지면 성공인지'가 한 문장에 들어간다.
결과: "완료했습니다."로 끝난다	결과: "리드 수+30%"처럼 확인 가능한 증거가 남는다.

산출물(Output): 무엇을 만들 것인가? (문서, 기능, 행사, 캠페인)

Goal Sheet에서 G1~G3는 '결과(Outcome)'로 쓰는 것이 기본값이다. 산출물(Output)은 결과를 만들기 위한 수단으로만 둔다.

성공의 정의를 쓰는 5가지 문장 틀

OKR(Objective Key Result)이라는 단어 없이도, 성공의 정의는 아주 쉽게 쓸 수 있다.

"~가 가능해진다"

- 예: 고객센터가 문의 유형별 처리 가이드를 통해 1차 응답을 표준화할 수 있다.

"~의 시간이 줄어든다/늘어난다"

- 예: '결정까지 걸리는 평균 시간을 7일 → 3일로 줄인다.

"~의 재작업이 줄어든다"

- 예: 반려·수정 요청으로 인한 재작업률을 30% 낮춘다.

"~의 품질이 올라간다(근거 포함)"

- 예: 월간 보고서가 '현황'이 아니라 '결정'으로 이어지도록, 결정 항목을 월 5건 이상 만든다.

"~가 눈에 보이게 된다(가시화)"

- 예: 부서 간 의존 관계(요청, 승인, 기한)를 한 장으로 드러내어, 지

연 원인을 매주 확인한다.

핵심은 '좋아지자'가 아니라 '무엇이 어떻게 달라졌을 때 성공인지'다.

성공의 정의에서 자주 나오는 '나쁜 문장(금지어)'

아래 문장은 팀을 더 바쁘게 만들 뿐, 정렬을 만들지 못한다.

- '강화한다, 개선한다, 확대한다, 내재화한다'
- '최대한, 가능한, 적극적으로'
- '빠르게, 잘, 효율적으로'
- '고객 만족도 향상(어떻게 확인할지 없으면 빈말이 된다)'

이런 문장을 쓰게 되면 Goal Sheet가 '좋은 말'이 되고, 팀은 다시 각자 해석하게 된다. 그 순간 혼란이 시작된다.

4. 우선순위 변경의 기준을 '문서'로 고정하는 법

정렬이 있다고 해서 우선순위가 바뀌지 않는 것은 아니다. 우선순위는 바뀔 수 있다. 시장이 바뀌고, 고객이 바뀌고, 위기가 오면 바뀌어야 한다.

문제는 우선순위가 바뀌는 것이 아니라, 우선순위 변경이 기준 없이, 기록 없이, 대가 없이 일어나는 것이다.

그렇게 되면 팀은 이렇게 학습한다.

"어차피 또 바뀐다."

"그러면 깊게 하지 말자."

"일단 멋있게 중간 산출물만 만들자."

몰입이 약화되는 대표 신호다.

그래서 A1 정렬에는 '우선순위 변경 기록'이 반드시 들어간다. 그리고 한 가지 원칙을 강제해야 한다.

'들어오는 것 1개=나가는 것 1개' 새 우선순위가 들어오면, 무엇을 내려놓는지 반드시 적는다.

실전 박스: 우선순위 변경 카드(30초 작성)

아래 양식을 Goal Sheet의 변경 이력에 그대로 붙이면 된다.

- 새로 올라온 일: ___________
- 왜 지금인가(근거): ___________
- 대신 내려놓는 일(Stop): ___________
- 결정·승인: ___________(이름)
- 재검토 시점: ___________(날짜)

이 카드가 없으면, 우선순위 변경은 '긴급'이라는 이름으로 무제한 확장된다.

---

5. 역할을 한 장에 고정하는 법: '책임'이 아니라 '소유'로 말하라

조직에서 흔히 듣는 말이 있다.

"이건 네 책임이야."

"왜 네가 끝까지 챙기지 않았어?"

그런데 책임을 묻는 질문만 있고, 아래가 없으면 팀은 흔들린다.

- 누가 결정을 하는가?
- 누가 진행을 소유하는가?
- 누가 지원하는가?
- 누가 결과를 사용하는가?

이 책은 복잡한 용어를 앞세우지 않는다. 대신 Goal Sheet에는 최소한 아래 3가지만 명확히 적게 한다.

① Owner(소유자): 끝까지 책임지고 결과로 마무리하는 사람

② Support(지원): 리소스·검토·실무 지원을 제공하는 사람

③ Sponsor(정렬, 승인): 도장이 아니라 정렬 확인자

스폰서는 팀이 가져온 Goal Sheet를 보고 딱 하나만 확인하라. '이 목표(G1) 달성은, 우리 조직의 상위 목표 달성에 기여하는가?' 목표는 다 달성했는데 회사가 엇나가면, 팀의 잘못이 아니라 스폰서가 정렬을 확인하지 않은 탓이다. 이 3개가 명확하면, 팀은 빨라진다. 왜냐하

면 다음의 혼란이 줄어들기 때문이다.

"이거 누구한테 물어봐야 하지?"

"결정권자는 누구지?"

"완료 기준을 누가 인정해 주지?"

6. 의존 관계를 한 장에 고정하는 법: '막힐 곳은 늘 같은 곳에서 막힌다'

성과는 팀 내부에서만 만들어지지 않는다. 특히 부서 간 의존이 큰 조직일수록 그렇다.

- 승인(결재)
- 데이터 제공
- 협업 부서 검토
- 법무·재무·보안 체크
- 운영 적용

의존 관계는 숨겨질수록, 막힘은 커진다.

Goal Sheet에 의존 관계를 한 줄로라도 적는 순간, 팀은 이렇게 바뀐다.

'우리가 늦는 이유'를 사람 탓이 아니라 구조 탓으로 보게 되고, '먼저 요청해야 할 것'이 보이고, 리더는 '막힘 제거'라는 본래 역할을 하기 쉬워진다.

의존 관계는 거창한 도표가 아니라, 한 줄이면 충분하다. '누가 무엇을 언제까지'만 적으면 된다.

7. A1 정렬 운영 스크립트: '한 장'을 굴리는 30분 회의

Goal Sheet를 만들어도 굴리지 않으면 문서가 된다. Align은 문서가 아니라 리듬이다. 그래서 30분 운영 스크립트를 제공한다.

주간 Align 미팅(30분) 진행 순서

5분: 이번 주 최우선 1~3개 확인

- "이 3개가 맞나요? 바뀌었나요?"
- 바뀌었다면 우선순위 변경 카드 논의·정리

10분: 막힘(의존 관계, 리스크) 제거

- "누가 무엇을 기다리나요?"
- "이번 주에 막힐 것 1개만 먼저 뚫읍시다."

10분: 실행 소유 확정(Owner·Support 재정렬)

- "이 일은 누가 끝까지 소유하나요?", "지원이 필요한가요?", "승인이 필요한가요?"

5분: Stop List 확인

- "이번 주 하지 않기로 한 것, 지켜지고 있나요?"

- Stop이 지켜져야 몰입 시간이 확보된다.

이 회의에서 금지해야 할 것은 '상태 보고 늘어놓기'다. 상태는 Goal Sheet에 1줄 업데이트로 끝내라. 회의는 '정렬과 막힘 제거'만 한다.

8. 실제 예시: '운영팀' Goal Sheet 한 장

아래는 IT가 아닌 조직에서도 바로 적용되는 예시다.

운영팀 Goal Sheet(예시)
- **기간: 6월 1주**

- **G1: 반품·교환 처리 리드타임 5일 → 3일로 단축**
- 증거: 주간 평균 처리 일수, 지연 사유 Top 3
- 완료 기준: 1주간 평균 3일 이하+지연 사유 Top 3 개선안 확정
- Owner: 운영팀장·Support: CS 파트, 물류 파트
- 의존: 물류센터 피킹 지연 데이터 제공(수요일까지)

- **G2: 주간 클레임 재발률 20% 감소(동일 유형 반복 방지)**
- 증거: 동일 유형 클레임 건수, 재발 원인
- 완료 기준: 재발 Top 2 원인에 대한 표준 대응 문서 배포
- Owner: Q&A 담당·Support: CS 교육 담당
- 의존: CS 상담 스크립트 변경 승인(금요일까지)

- Stop List: 신규 제휴 검토 회의 참여는 이번 주 제외(대신 자료만 제공)

- 리스크: 물류 데이터 늦으면 G1 지연 → 대응: 월요일 오전 선요청 + 수요일 미수신 시 리더 에스컬레이션

이 한 장이 있으면, 팀의 하루가 달라진다.

불필요한 회의가 줄고, "지금 뭐 해야 하죠?"라는 질문이 줄고, 막힘이 '빨리' 드러나고, 리더는 사람을 닦달하는 대신 막힘을 제거하고, 팀은 깊게 일할 시간을 확보한다.

9. 이럴 땐 이렇게(Troubleshooting): 자주 망하는 패턴 7가지와 처방

증상(신호)	처방(리더 액션)
목표가 7개 이상이다	G1~G3만 남기고 나머지는 Stop List로 이동.
목표가 결과가 아니라 산출물이다('보고서 작성')	'이 보고서로 무엇이 달라져야 성공인가?'로 다시 쓰기.
Owner가 '팀 전체'다	팀 전체는 아무도 아니다. 소유자를 1명으로 고정.
의존 관계가 없다(= 막힐 곳을 안 적는다)	늦는 이유 1순위는 대부분 의존 관계다. 한 줄이라도 적기.
우선순위 변경이 매일 일어난다(기준·대가 없음)	우선순위 변경 카드 도입+'들어오는 1개=나가는 1개'.

Goal Sheet를 만들고 회의는 그대로 한다	주간 Align 미팅 30분으로 통합, 상태 보고는 문서 업데이트로 대체.
Goal Sheet가 '보고용 문서'가 된다	'위로 보여 주기'보다 '팀이 매주 쓰는 운영판'으로 설계 → 보고는 Goal Sheet의 스냅샷이면 충분하다.

Tip: 리모트·하이브리드 팀의 A1 Align(정렬)

- Goal Sheet를 회의 전에 공유하고, 회의는 '변경·막힘·결정'만 다룬다.
- 정렬 합의는 문서 상단에 'OK/동의' 표시를 하고, 반대는 댓글로 '쟁점+대안' 형태로 남긴다.
- 시간대가 다르면 '최우선 3개'만큼은 24시간 내 확인하도록 응답 기준을 둔다.
- 원격에서는 작업이 보이지 않기 쉽다. WIP(진행 중인 일)을 3개 이하로 고정하고, 상태 공유는 문서 업데이트로 표준화한다.

A2 Agree(약속): 협업 규칙을 합의하면 갈등이 줄고 속도가 난다

협업이 어려운 건 '사람이 이상해서'가 아니라, 서로 다른 기본값(기대, 기준, 언어)이 충돌하는데도 그걸 합의하지 않은 채 일을 시작하기 때문이다. A2 약속은 그 기본값을 고정해, 갈등을 줄이고 속도를 만든다.

"말이 안 통하는 게 아니라, 기준이 안 맞는 것이다."

A1 정렬로 목표·우선순위·역할을 '한 장'으로 고정했다고 하자. 그런데도 프로젝트가 흔들리는 팀은 많다. 이유는 간단하다.

목표는 맞췄는데, 일하는 방식은 못 맞췄다.

역할은 정했는데, 협업 규칙이 없다.

회의는 하는데, 갈등을 다루는 방식이 없다.

그래서 '말이 안 통하는 문제'가 터진다.

"그 얘기였어요?"

"난 그렇게 이해 안 했는데요?"

"왜 지금 와서 말해요?"

"그건 원래 그렇게 하는 거 아닌가요?"

"이건 누가 책임지는 거죠?"

이 질문들은 사실 '소통' 문제가 아니다. 운영 문제다. 즉, 팀이 갖춰야 할 최소 규칙이 없어서 발생하는 '구조적 충돌'이다.

A2 약속의 목표는 딱 하나다.

암묵지(각자 머릿속 기본값)를 명시지(합의된 규칙)로 바꾸는 것. 그렇게 하면 갈등은 사라지지 않아도, 작아지고 빨리 해결된다.

1. Working Agreement: 소통·갈등·협업 규칙의 표준

Working Agreement는 '팀이 함께 일하기 위해 합의한 운영 규칙'이다. Scrum.org는 팀 Working Agreement를 '모두가 기대하는 바를 이해하도록 돕는 합의된 가이드라인'으로 설명한다. Atlassian은 team agreements(working agreements)가 팀이 함께 일하는 방식과 서로에게 기대하는 행동을 정리하며, 도구·프로세스 같은 '운영'부터 '가치·책임·이견 해결' 같은 문화 영역까지 포함한다고 정리한다.

핵심은 이거다.

Working Agreement는 '팀 문화'가 아니라 '팀 운영'이다. 문화는 구호로 만들기 어렵지만, 운영은 합의로 만들 수 있다.

규범이 장식이 아니라 '판단 기준'이 될 때, 협업 규칙은 캠페인이 아니라 기본값이 된다.[22] 우아한형제들의 '송파구에서 일을 더 잘하는 11가지 방법'은 좋은 문구를 벽에 붙였기 때문이 아니라, 실제 일하는 방식과 채용·온보딩·피드백의 언어로 연결되어 반복되기 때문에 힘을 가진다.

Working Agreement는 '규정'이 아니다

팀이 흔히 오해한다.

"또 규정 만드는 거야?"

아니다. Working Agreement는 팀이 서로를 통제하기 위한 규정이 아니다.

Scrum Alliance는 팀 합의가 암묵적 기대를 명시화함으로써 오해와 갈등을 줄이고, 생산성과 심리적 여유를 높일 수 있다고 설명한다. 즉, Working Agreement는 팀을 묶는 족쇄가 아니라, 팀을 자유롭게 만드는 안전장치다.

스퍼트나우 컨설팅 노트

규칙은 '착한 사람'을 지키기 위해 만든다. 그래서 먼저 '금지선(Non-negotiables)'부터 합의해라.

규칙이 없으면 목소리 큰 사람이 이긴다. 밤 10시에 카톡을 보내는 사람이 '열정'으로 포장되고, 거절 못 하는 사람은 소모된다.

협업 규칙은 팀원을 통제하는 수갑이 아니라, 무례함과 비효율로부터 팀을 보호하는 방패다. 규칙을 문서로 남기고, 실제 운영(회의, 의사결정, 피드백)과 연결해라.

Working Agreement가 없을 때 팀이 치르는 '숨은 비용' 5가지

① 해석 비용: 같은 말을 각자 다르게 해석한다.

② 확인 비용: "이거 맞나요?", "다시 한번"이 늘어난다.

③ 감정 비용: 오해가 쌓여 감정이 된다.

④ 정치 비용: 기준이 없으니 눈치로 결정한다.

⑤ 재작업 비용: 뒤늦게 '의도'가 드러나면서 다시 한다.

A2 약속은 이 비용을 줄이는 장치다.

2. '말이 안 통하는 문제'를 구조로 푸는 법

조직에서 "말이 안 통한다"는 표현은 매우 흔하다. 하지만 실제로는 말이 안 통하는 게 아니라 '기본값이 다르다'는 경우가 대부분이다. 특히 다음 두 조건이 결합될 때, 침묵·우회·늦은 피드백이 강화되기 쉽다.

- 위계(권력거리): 아래에서 위로 말하기가 조심스러워짐
- 체면(관계·평판): 직접적으로 말하면 관계가 깨질까 봐 회피

실제로 '체면'이 갈등 스타일과 facework에 영향을 준다는 연구가 있고, 권력거리·권위에 대한 두려움이 직장 커뮤니케이션에 악영향을 줄 수 있다는 연구도 있다.

따라서, 해법은 '더 솔직해지자'가 아니라, 솔직해도 안전한 구조를

만드는 것이다.

'말이 안 통함'을 만드는 4가지 구조적 원인

아래 4가지는 팀·부서 협업에서 거의 매번 등장한다.

구조적 원인	현장 신호(실무에서 이렇게 보인다)	처방(리더 액션)
원인 1) 단어는 같은데 정의가 다르다	• '완료'의 정의가 다르다 • '검토'의 의미가 다르다 • '빠르게'의 기준이 다르다	Working Agreement에 '팀 언어'를 만들어라. 같은 단어의 정의부터 합의하라.
원인 2) 기준은 말하지 않고 결과만 요구한다	• "이건 별로야. 다시 해 와." • 기준이 없으니 다시 해도 또 틀린다	피드백을 '사람'이 아니라 '기준'으로 전환하라. (예. "완성도를 높이려면 어떤 기준을 추가하면 될까?")
원인 3) 반대는 많은데 대안이 없다	• "그건 안 돼요." • "그건 별로예요."	반대는 허용하되, 대안을 붙이는 것을 규칙으로 만들어라. (반대 1개 = 대안 1개)
원인 4) 심리적 안전이 없다	• "말해 봤자 소용없다." • "괜히 나섰다가 손해 볼까?"	리더가 기준을 먼저 선언하고, 비난 대신 학습 프레임을 고정하라. 심리적 안전은 '친절'이 아니라 '규칙'이다.

심리적 안전은 좋은 분위기와 다르다. Amy Edmondson은 심리적 안전을 '팀이 대인관계 위험을 감수해도 안전하다는 공유된 믿음'으로 정의한다. 즉, 말하기가 가능해야 학습이 가능하고, 학습이 가능해야 속도가 난다.[13]

3. Working Agreement: 실제로 '작동'하게 만드는 구성

Working Agreement는 길면 망한다. 이 책의 제안은 1페이지(최대 2페이지)다.

그리고 구성은 다음 6덩어리만 있으면 된다.

① 소통 규칙(채널, 응답 시간, 긴급 기준)

② 회의 규칙(회의 종류, 준비, 기록, 시간)

③ 업무 전달 규칙(요청 포맷, 완료 기준, 핸드오프)

④ 갈등 처리 규칙(이견 제기, 에스컬레이션, 합의 방식)

⑤ 기록 규칙(어디에 무엇을 남기는가)

⑥ 팀의 금지 행동(Stop Doing)

기록 규칙(어디에 무엇을 남기는가)

- 팀의 금지 행동(Stop Doing) 3개

템플릿: Working Agreement 1페이지 양식

아래는 그대로 가져다 쓰도록 설계했다.

WORKING AGREEMENT(1페이지 양식)

WORKING AGREEMENT(팀·프로젝트: _____ / 적용 기간: _____ ~ ___)

0) 이 문서의 원칙

- 목적: 갈등을 줄이고 속도를 높이기 위한 '운영 규칙'이다.

- 원칙: 비난 금지·학습 중심 피드백 / 기준 중심 대화 / 기록이 남는 협업

1) 소통 규칙(채널&응답)

- 기본 채널: (예) 업무: ______ / 긴급: ______ / 공지: ___________

- 응답 기준: (예) 업무 메신저 4시간 내 1회 확인/긴급은 30분 내 반응

- 긴급 정의: (예) 고객 영향, 매출 영향, 법무·보안 리스크, 오늘 의사결정 필요

- 야간/휴일: (예) _______ (응답 원칙)

2) 회의 규칙(Meeting)

- 회의 목적 구분: 공유, 토론, 결정

- 회의 전: 아젠다 사전 공유(최소   시간 전)

- 회의 후: 결정·담당·기한 기록(액션 아이템)

- 회의 시간: 기본 30분(연장 시 사유 기록)

- 회의 금지: 상태 보고만 하는 회의(상태는 문서 업데이트로 대체)

3) 업무 전달 규칙(Handoff)

- 요청은 '요청서 5줄'로: 무엇, 왜, 완료 기준, 기한, 의존

- 완료(끝) 기준: (예) ______ (정의) / 검토 기준: ______ (정의)

- 변경 요청: '변경 카드'로(무엇, 이유, 대신 내려놓는 것, 승인)

4) 갈등 처리 규칙(Conflict)

- 이견 제기 문장: "저는 _______리스크 때문에 다른 옵션을 제안한다."

- 합의 방식: (예) 다수결, 책임자 결정, 실험 후 재논의

- 에스컬레이션: 1) 당사자 1on1 → 2) 리더 동석 → 3) 스폰서 결정

- 금지: 뒷말, 메신저로 비난, 사실 없는 추측

5) 기록 규칙(Documentation)

- 결정은 Decision Log에: (장소·링크) ___________

- 협업 프로젝트는 Comms Doc로: (장소·링크) ____________
- 성과/학습은 Performance Sheet로: (장소·링크) ____________

6) Stop Doing(이번 분기 금지 행동 3개)

- 1) ____________
- 2) ____________
- 3) ____________

WORKING AGREEMENT SAMPLE(예시)	
목적/기간	'온보딩 7일' TF가 8주 동안 같은 방식으로 일하기 위한 최소 합의
기본 채널	업무: 협업 툴 채널 1개(#onboarding-7d) 결정·정책: 문서(단일 링크)+Decision Log 긴급: 전화·메신저 멘션(단, 사후 기록 필수)
응답 기준 (SLA)	업무 시간 내: 4시간 이내 응답 의사결정 필요 안건: 24시간 내 '결정·보류·추가 정보' 중 하나로 처리
의사결정	결정권자: TF 리더 Consult: 영업·CS 리드/Inform: 관련 부서 합의가 깨지면: 스폰서에게 10분 에스컬레이션(48시간 안에 종료)
문서화/저장	모든 핵심 문서는 '단일 저장소'(예: Drive/Notion) 1곳만 사용 파일명 규칙: 'YYYYMMDD_제목_vX'/링크는 채널 상단에 고정
회의 규칙	회의 전: 안건·결정 필요·자료 링크를 24시간 전에 공유 회의 후: Decision Log에 '결정-담당-기한' 1줄 기록(없으면 회의 무효)
갈등 처리	사실 → 영향 → 요청(운영 기준으로 대화) '사람 평가' 금지, '행동·조건'만 다룸

4. 갈등을 '관계 문제'가 아니라 '운영 문제'로 바꾸는 대화 스크립트

Working Agreement가 진짜 힘을 발휘하는 순간은 갈등이 생길 때다. 그때 팀이 '사람'으로 가면 망하고, '기준'으로 가면 산다.

실전 박스: 갈등 3단계 스크립트: 사실 → 영향 → 요청

- 사실: "지금 관찰된 사실은 ＿＿＿＿ 이다."
- 영향: "이게 계속되면 ＿＿＿＿ 에 영향이 있다."
- 요청: "그래서 ＿＿＿＿ 로 합의하길 제안한다."

이 스크립트는 체면 문화에서도 유효하다. 사람을 공격하지 않고, 사실과 기준을 중심으로 말할 수 있기 때문이다.

5. Comms Doc(Communication Plan): 협업 약속, 협업 프로젝트가 흔들리지 않게 하는 '살아 있는 문서'

A1 정렬과 Working Agreement만으로도 팀은 많이 좋아진다. 하지만 부서 간 협업이 들어가면 문제가 다시 커진다.

이해관계자가 많아지고, 의존 관계가 늘고, 의사결정이 복잡해지고, 소통이 늦어지고, '누가 뭘 약속했는지'가 흐려진다

이때 필요한 것이 Comms Doc이다.

이 문서는 '문서 업무를 늘리는 장치'가 아니다. 오히려 '말로 굴리는 협업'을 끝내는 장치다.

이 책의 Comms Doc은 다음 원칙을 따른다.

- 살아 있는(Living) 문서: 시작에 만들고 끝나는 문서가 아니라, 프로젝트 내내 업데이트한다.
- 즉각 공유: 완성 후 공유가 아니라, 초안부터 공유해 초기 얼라인먼트를 확보한다.
- 모든 연관자 포함: 직간접 이해관계자는 검토·피드백 대상이다.
- 비난 금지·학습 중심 피드백: 비난이 아니라 개선을 위한 의견만 허용한다.

이 원칙은 실제 현장에서 조직을 살리는 디테일이다. '좋은 의도'보다 '좋은 구조'가 오래 간다.

Comms Doc은 무엇을 해결하는가

Comms Doc이 해결하는 대표 문제는 3가지다.

① 목표가 흔들린다. → 문제 정의·목표·성공 지표를 문서로 고정
② 협업 구조가 흔들린다. → 이해관계자·역할·의사소통 흐름을 가시화
③ 리스크가 늦게 터진다. → 위험·대응·Out of Scope를 사전에 합의

프로젝트 커뮤니케이션이 프로젝트 성공의 기반이라는 PMI의 논의도 이런 관점을 뒷받침한다.

Comms Doc의 최소 구성(6개 섹션)

(이 구성은 실제 문서 템플릿과 동일한 흐름이다.)

① 프로젝트 개요(Project Summary)

② 문제 정의&목표(Goal&Problem Statement)

③ 성공 지표(Success Metrics)

④ 전략·실행 계획(Strategy&Execution+Milestones)

⑤ 이해관계자·협업 구조(Stakeholders&Collaboration)

⑥ 리스크·제외 사항+피드백 영역(Risks, Out of Scope, Discussion)

이 6개면 충분하다. 길게 쓰는 게 목적이 아니라, 흔들리지 않게 만드는 게 목적이다.

템플릿: Comms Doc '첫 1페이지' 예시

대부분의 팀이 시작을 못 하는 이유는 '빈 문서' 때문이다. 그래서 첫 1페이지에 들어갈 문장을 고정해 둔다.

WORKING AGREEMENT(1페이지 양식)

COMMS DOC/PLAN (프로젝트: _______ / 버전: v0. _____ / 작성일: ______)

1) 문제 정의(1~2문장)

• 우리가 해결하려는 핵심 문제는 ________ 이다.

• 지금 이 문제가 중요한 이유는 _______ 이다.

2) 목표(완료 시 달라지는 결과)

• 프로젝트가 끝나면 _____ 가 가능해진다 / _____ 가 줄어든다 /_____ 가 증가한다.

3) 성공 지표(측정)

• 핵심 지표: ________ (현재 _____ → 목표 _____)

• 보조 지표: ___________

---

4) 접근 방식(가설)

- 우리는 ＿＿＿ 를 하면 ＿＿＿ 를 달성할 수 있다고 가정한다.
- 이 가설을 검증하기 위한 핵심 실험/행동은 ＿＿＿＿ 이다.

5) 이해관계자(협업 구조)

- Sponsor(결정·승인): ＿＿＿＿
- Owner(총괄): ＿＿＿＿
- Core 팀: ＿＿＿＿
- 협업 부서: ＿＿＿＿

6) 리스크&Out of Scope

- 예상 리스크 Top 2: ＿＿＿ / 대응: ＿＿＿＿
- 이번 범위에서 제외: ＿＿＿＿

즉각 공유&비난 금지·학습 중심 피드백 원칙

- 초안(버전 0.1)부터 공유한다. 비난이 아닌 개선 피드백만 허용한다.

COMMS DOC/PLAN SAMPLE(예시)	
프로젝트	전사 CRM 도입(영업·CS·마케팅 데이터 단일화)
목적(Why)	고객 접점 정보를 '한곳'에서 보게 만들어, 영업-인수인계-응대의 재작업을 줄인다.
성공의 정의 (What good looks like)	1) 리드 → 계약 전환율 +10% 2) 인수인계 누락(재문의) -30% 3) CS 1차 응답 템플릿 적용률 80%
범위(Scope)	In: 리드·계약·응대 데이터 구조 표준화, 핵심 대시보드 3종 Out: 신규 영업 정책 변경(이번 분기 제외)
역할/의사결정	Owner: 영업기획 리드 결정권자: COO Consult: CS/마케팅/IT 주간 점검: 월 30분 스탠드업
일정/마일스톤	W1: 데이터 필드 확정/W2: 마이그레이션 테스트 W3: 교육·가이드 배포/W4: Go-live+2주 안정화

| 리스크/대응 | 리스크: 현장 입력 품질 저하 → 대응: 입력 최소화+필수 필드 5개만 고정
리스크: 병행 시스템 혼란 → 대응: 2주 내 구 시스템 종료(Stop) |

Team API: 옆 부서와 일할 때 쓰는 협업 규약

팀 내부(Intra)에서 A5-Loop가 잘 돌아가도, 팀과 팀 사이(Inter)의 연결이 깨지면 속도는 막힌다. 그래서 A2 Agree는 '우리 팀 규칙'에서 끝나면 안 된다. 옆 부서와 일할 때의 협업 규약까지 설계하라.

소프트웨어가 API로 데이터를 주고받듯, 팀도 '요청-응답-완료'의 인터페이스가 필요하다. 이 책에서는 이를 Team API라고 부른다.[33]

Team API는 거창한 문서가 아니다. '요청은 어떻게 받고', '언제까지 1차 답을 주며', '무엇이 완료(Definition of Done)인지'를 1페이지로 고정해 공유하는 것이다. 딱 이것만 있어도 '옆 팀이 안 해 준다'는 갈등의 대부분이 줄어든다.

아래 항목을 당신의 팀 버전으로 채워서, 관련 팀과 먼저 합의하라. 그리고 A3 Decision Log에 'Team API 변경'을 남겨 버전을 관리하라. 그래야 팀 간 협업도 시스템으로 굴러간다.

Team API 항목	권장 기준(예시)
요청 채널/형식	요청서는 'Ticket(요청서)'로만 받는다(링크 1개). 메신저 DM은 반려한다.
초기 응답 SLA	24시간 내 1차 답변: 수락, 보류, 반려 중 하나로 회신한다.
완료 기준(DoD)	산출물 형태·품질 기준·검수자·최종 저장 위치를 명시한다.
우선순위 규칙	긴급 기준 3개를 정한다. (예: 고객 장애, 매출 손실, 법적 이슈)

변경 요청 규칙	범위 변경은 구두가 아니라 Decision Log로 남기고 재합의 한다.
에스컬레이션 (소통 절차)	지연 48시간 이상이면 누구에게, 어떤 정보로 올릴지 정한다.
정기 Sync	주 1회 15분. 안건 없으면 취소('No Agenda, No Meeting').

6. '행사'까지 흔들리지 않게 만드는 Comms Doc(이벤트 버전)

협업은 프로젝트만이 아니다. 사내 행사, 고객 세미나, 전사 워크숍 같은 이벤트도 동일한 문제가 생긴다.

목적이 흐려지고, 메시지가 흔들리고, 진행은 했는데 성과 측정이 없다. 또한 회고가 없으니 다음번이 더 힘들다.

그래서 이벤트 버전의 Comms Doc에는 다음 4개가 특히 강하게 들어간다.

① Objectives(목표): '아무리 작은 행사라도 목적을 리마인드해야 한다.'

② Key messages(핵심 메시지): 참가자에게 최종적으로 남길 2~3개 문장

③ Ideal headlines(이상적인 헤드라인): 외부에 보도된다면 어떤 제목이어야 하는가?

④ Measurement&Post-Mortem(측정·회고): 정량·정성 지표와 개선점

이 4개가 있으면 행사는 '진행'이 아니라 '성과'가 된다. 그리고 성과가 남으면 다음 협업은 빨라진다(Archive로 연결).

7. A2 약속 운영 스크립트: 90분 도입 → 주간 10분 유지

A2 약속은 길게 하면 실패한다. 도입은 90분, 유지는 주간 10분이면 된다.

도입 워크숍(90분) 진행안

① 10분: 최근 4주 협업에서 제일 힘들었던 순간 1개씩 공유

② 20분: 말이 안 통했던 이유를 사람 탓이 아니라 구조 탓으로 분류
   - 단어, 기준, 결정 구조, 기록, 안전(말하기) 중 어디였나

③ 30분: Working Agreement 1페이지를 함께 작성(필수 6덩어리)

④ 20분: 현재 진행 중인 협업 1개를 Comms Doc 첫 1페이지로 작성

⑤ 10분: '이 문서를 어디에 두고, 누가 언제 업데이트할지' 확정

주간 유지(10분)- Agree 체크인

주간 Align(30분) 회의 앞, 뒤에 10분만 붙이면 된다.

- 이번 주, Working Agreement가 깨진 사례 1개가 있었나?
- 깨졌다면 '사람'이 아니라 '규칙·문장·채널'을 수정할 수 있나?
- Comms Doc에서 바뀐 것은 무엇이며, 누구에게 공유했나?

운영은 '완벽한 규칙'을 만드는 게 아니라, 규칙이 계속 살아 있게 만드는 것이다.

8. 이럴 땐 이렇게(Troubleshooting): 자주 망하는 패턴 6가지와 처방

증상(신호)	처방(리더 액션)
Working Agreement가 너무 길다 (문서가 무거워짐)	1페이지로 자른다. '자주 쓰는 규칙'만 남긴다.
리더가 만들어서 배포한다(합의가 아니라 지시가 된다)	반드시 팀이 함께 작성한다. 합의가 없으면 실행이 없다.
문서를 만들고 아무도 보지 않는다	회의 운영에 연결한다.
규칙이 '통제'로 인식된다	'왜 이 규칙이 우리를 자유롭게 하는지'를 한 문장으로 적어라.
Comms Doc이 승인 문서가 된다 (늦게 공유)	초안부터 즉시 공유한다. '완성'이 아니라 '얼라인'이 목적이다.
갈등이 생기면 문서를 무기로 쓴다 (비난의 도구화)	비난 금지·학습 중심 원칙을 다시 선언하고, 문서는 '개선'을 위해서만 사용한다.

- A2 약속은 팀이 '좋은 사람'에 기대지 않게 만드는 운영 장치다.
- Working Agreement는 합의된 기대를 명시화해 오해·갈등·재작업을 줄인다.
- 위계·체면이 결합되면 피드백 지연·침묵이 강화될 수 있으므로, "더 솔직해지자"가 아니라 솔직해도 안전한 구조(비난 금지·학습 중심, 기준 중심, 기록)가 필요하다.
- Comms Doc은 협업을 '말'이 아니라 '살아 있는 문서'로 굴리게 만드는 장치이며, 프로젝트 커뮤니케이션을 반복 가능하게 만든다.

10분 자가 점검

☐ 우리 팀의 Working Agreement(협업 규칙)가 문서로 존재하며, 신규 인원이 봐도 이해할 수 있습니까?

☐ 응답·회의·결정·에스컬레이션 기본값이 '기대치' 수준으로 명확합니까?

☐ 갈등이 생겼을 때 '사람'이 아니라 '규칙·구조'를 먼저 점검하는 프로세스가 있습니까?

☐ Comms Doc이 '승인 문서'가 아니라 '초안부터 공유되는 얼라인 도구'로 작동합니까?

☐ 최근 2주간 가장 자주 깨진 규칙 1개는 무엇이며, 어떤 문장·템플릿으로 보완할 수 있습니까?

A3 Act(결정·실행): 회의·결정·실행이 자동 으로 연결되게 하라

회의가 많은 조직은 대개 '소통이 많아서'가 아니라, 결정과 실행을 남기지 못해서 다시 모인다. A3 결정·실행은 회의를 줄이는 기술이 아니라, 회의 → 결정 → 실행이 자동으로 이어지게 만드는 운영 시 스템이다.

여기서 '기록'은 책임을 추궁하기 위한 장치가 아니다. 목소리 큰 사 람이 이기는 정치를 없애고, 누구에게나 동일하게 적용되는 절차적 공정성(Procedural Justice)을 세우기 위한 장치다. Decision Log(결과 기록)가 남으면, '말로 한 약속'이 아니라 '합의된 기준'이 다음 행동을 결정한다. 손 씻기가 수술의 기본이듯, 조직에도 결정의 기본 위생이 있다. 결정이 내려졌다면 최소한 '결정-담당-기한'이 한 줄로 남아야 한 다. 이 한 줄이 없으면, 결정은 존재하지 않은 것과 같다.[32] 대니얼

카너먼은 결정의 오류를 줄이기 위한 기본 규칙을 '의사결정 위생(Decision Hygiene)'이라고 불렀다.

Decision Log는 회의록이 아니다. 조직의 위생이다. 이 위생이 무너지면 조직은 두 가지 바이러스에 감염된다. 하나는 망각이다. "누가 하기로 했더라?"가 반복된다. 다른 하나는 정치다. 기록이 없으면 목소리 큰 사람이 이긴다. 결정 위생을 지키는 순간, 조직은 '기억'과 '공정성'을 동시에 확보한다.

회의는 끝났는데, 일이 시작되지 않는다

회의실 문이 열리자마자 팀원들이 흩어진다. 어떤 이는 "좋은 논의였다"고 말하고, 다른 이는 "아무것도 정해진 게 없다"고 말한다.

다음 날 같은 주제가 다시 캘린더에 잡힌다.

"어제 얘기했던 거, 다시 정리해 볼까요?"

"그때 결론이 뭐였죠?"

"아직 최종 결재가 안 나서요."

"그럼 오늘은 의사결정까지 가야겠네요."

이 장면이 반복되면 조직은 결국 회의가 많아지고(대화로 관리한다), 보고가 길어지고(문서로 불안을 덮는다), 결정이 늦어지고(합의가 안 된다), 실행이 끊긴다(몰입이 깨진다). 그리고 몰입은 사라진다.

HBR는 지식노동자의 회의가 늘어나고, '불필요하거나 비효율적인 회의'가 생산성과 몰입을 해친다는 점을 강조한다. 특히 Microsoft 연구를 인용하며 "충분한 몰입 시간이 없다"는 응답이 높다는 요지의 내용도 소개한다.

이 책의 결론은 단순하다.

회의가 문제일 때, 해결책은 회의를 없애는 것이 아니라 '결정과 실행이 남는 방식'으로 회의를 설계하는 것이다.

그 설계가 A3 결정·실행이다.

1. A3 결정·실행의 핵심: '회의'를 줄이는 게 아니라 '되풀이'를 줄인다

회의를 줄이려고 하면 조직은 흔히 두 가지로 실패한다.

① 회의를 줄였더니 정보가 더 흩어진다. → 그래서 다시 회의가 늘어난다.
② 회의 시간을 줄였더니 결정이 더 안 난다. → 그래서 더 많은 사람들이 더 긴 회의를 하게 된다.

A3 결정·실행은 다르게 접근한다. 회의 시간 자체보다 더 큰 낭비는 되풀이(재논의, 재확인, 재정렬)다.

- 결정이 남지 않아서 같은 회의를 다시 한다.
- 액션이 남지 않아서 실행이 안 되고, 다시 회의한다.
- 기준이 남지 않아서 결과가 반려되고, 다시 회의한다.

즉, 회의가 많아서 문제인 게 아니라 회의가 '성과로 연결되지 않아

'서' 문제다.

A3 결정·실행은 이 한 문장으로 정의할 수 있다.

회의는 '대화'가 아니라 '산출물(결정·액션·기록)'을 만드는 프로세스다.

형식이 바뀌면 회의의 목적(결정)이 또렷해진다.[21] Amazon은 중요
한 회의에서 파워포인트 대신 내러티브 메모를 읽고(조용히 읽는 시간
포함), 논리의 빈틈을 먼저 드러내는 방식으로 유명하다.

회의는 시간이 아니라 '조직의 돈'을 쓰는 일이기 때문이다.[23] '회의
비용'을 숫자로 보이게 하면, "회의를 줄이자"라는 구호보다 훨씬 빨리
행동이 바뀐다. Atlassian의 조사에서도 회의가 생산성을 갉아먹는
대표 요인으로 지목된다.

이 장은 그 프로세스를 표준화하는 3개의 장치를 도입한다.

① Meeting OS: 회의 목적+기록+액션의 표준

② Decision Log: 누가, 무엇을, 언제, 어떤 기준으로 결정하는가

③ Weekly Operating Calendar: 몰입 시간을 확보하는 주간 운영 설계

2. Meeting OS: 회의 목적(공유, 토론, 결정)+기록+액션의 표준

회의가 무너지는 가장 흔한 이유: 회의 목적이 섞여 있다

대부분의 회의는 사실 서로 다른 3가지 일을 한 번에 하려다 망한다.

- 정보 공유(업데이트)
- 토론(옵션 탐색, 쟁점 정리)
- 결정(누가 무엇을 선택하는가)

이 3가지는 필요한 준비도 다르고, 참석자도 다르고, 결과물도 다르다. 그런데 회의 초대장에는 보통 이렇게만 적혀 있다.

'OO 프로젝트 미팅'.

이러면 회의 중에 목적이 흔들린다.

회의실에 들어오는 사람들의 기대는 제각각이다. 어떤 사람은 보고(공유)를, 어떤 사람은 토론을, 또 다른 사람은 결재(결정)를 기대하고 온다.

Meeting OS의 첫 번째 규칙은 이것이다.

회의는 시작하기 전에, 반드시 목적을 라벨링 한다.

'공유(Share), 토론(Discuss), 결정(Decide)'.

HBR 역시 '회의의 의도와 구조가 어긋나면(목표 대비 아젠다 불일치) 회의가 엉뚱한 곳으로 간다'는 문제의식을 제기한다.

회의 3종류 운영 표준(이 책의 Meeting OS)

아래 표준은 조직에 바로 꽂아 넣을 수 있게 초대장 제목부터 회의 끝 산출물까지 고정한다.

라벨	목적	준비물(사전)	참석자(최소)	진행 포인트	회의 후 산출물
Share (공유)	상태·정보 동기화	1페이지 업데이트 (미리 공유)	관련자 (필요 최소)	질문은 '새 정보· 리스크'만	업데이트 링크 + 필요한 결정·이슈 목록
Discuss (토론)	옵션 탐색, 쟁점 정리	의사결정 문장(초안) + 옵션 2~3개	결정권자 + 핵심 인풋	쟁점 → 옵션 → 리스크를 짧게	의사결정 초안 + 추가 조사· 실험 과제
Decide (결정)	선택·보류· 되돌림 확정	Decision Log 초안 + 기준 3 개	결정권자 + 필수 인풋	기준 확인 → 결정 → 액션 확정	Decision Log 1건 + Action Items

공유 회의(Share): 알기 위해 모인다

- 목적: 상태·정보를 빠르게 맞춘다(동기화)

- 준비물: 1페이지 업데이트(사전 공유)

- 참석자: '일에 직접 영향을 받는 사람' 최소화

- 금지: 논쟁, 의사결정, 문제 해결(필요하면 토론·결정 회의로 분리)

진행(30분 기준)

- 0-5분: 이번 주 핵심 3개(Goal Sheet에서 읽기)

- 5-20분: 업데이트(각자 2분, '사실, 리스크, 도움 요청'만)

- 20-30분: 토론·결정이 필요한 이슈만 리스트업(회의를 새로 잡지 말고, 바로 라벨링)

- 산출물: 업데이트 1페이지+(필요시) 다음 회의(토론, 결정) 라벨 확정

토론 회의(Discuss): 옵션을 정리하기 위해 모인다

- 목적: 쟁점, 옵션, 리스크를 구조화한다

- 준비물: 문제 정의 5줄+옵션 2~3개+기준(평가 기준)

- 참석자: '의견이 아니라 정보를 가진 사람' 중심

- 금지: 결정을 회의 중간에 갑자기 요구하기(결정자는 사전에 명시)

진행(45-60분 기준)

- 0-10분: 문제 정의 합의('우리가 풀 문제' 확정)

- 10-35분: 옵션 2~3개 비교(장점, 단점, 리스크)

- 35-50분: 의사결정 기준 합의(무엇을 더 조사할지)

- 50-60분: 결정 회의로 넘길 항목 확정(누가, 언제, 어떤 자료로)

- 산출물: 옵션 비교표+추천안(또는 추가 조사 항목)+결정 회의 입력값

결정 회의(Decide): 정하기 위해 모인다

- 목적: 결정한다(합의가 아니라 결정)

- 준비물: 짧고 집중된 사전 자료(Pre-read)

- 참석자: 결정권자+핵심 인풋 제공자(필수 최소 인원)

- 금지: 회의장에서 처음 자료를 공유하기(= 즉석 보고)

McKinsey는 긴 보고서 작성과 데이터 과부하가 결정에 방해가 될 수 있다고 지적한다. 서면 업데이트로 대체 가능한 회의는 없애고, 남는 회의에는 짧고 집중된 사전자료(pre-read)를 붙여 의사결정에 필요한 핵심만 남기라고 권한다.[5]

진행(30-45분 기준)

- 0-5분: 오늘의 결정문(Decision Statement) 읽기
- 5-20분: 마지막 질문(새 정보, 리스크)만 확인
- 20-35분: 결정권자가 결정('결정, 보류, 되돌림')
- 35-45분: 액션 아이템 확정(Owner, 기한, 다음 점검일)
- 산출물: Decision Log 1건+Action Items 목록

회의 초대장(캘린더) 3줄만 바꾸면 조직이 달라진다

회의의 품질은 회의실이 아니라 초대장에서 결정된다. 이 3줄이 없으면, 회의는 대부분 '보고+즉흥 토론'으로 흐른다.

실전 박스: 회의 초대장 필수 3줄
라벨 Share, Discuss, Decide 오늘 회의의 단 하나의 목적(한 문장) 회의 끝 산출물 "무엇이 문서로 남나?"(결정, 옵션, 액션)

회의 역할 4개(이것이 없으면 회의는 다시 '감각'으로 간다)

Meeting OS는 회의마다 아래 4가지 역할을 명시한다. (사람을 늘리는 게 아니라, 의미 있는 사람에게 모자를 씌우는 것이다.)

① Facilitator(진행): 목적 유지, 시간 관리, 논점 정리

② Decider(결정권자): 결정 회의에서 최종 결정

③ Recorder(기록): 결정·액션 기록, 링크 공유

④ Timekeeper(타임키퍼): 시간 엄수, 다음 회의 보호

3. Decision Log: 누가, 무엇을, 언제, 어떤 기준으로 결정하는가

회의가 아무리 좋아도, 결정이 기록되지 않으면 조직은 다시 느려진다. 결정이 기록되지 않으면 2주 뒤에 반드시 이런 말이 나온다.

"그때 그렇게 결정했나요?"

"왜 그렇게 했죠?"

"누가 결정했죠?"

"이거 다시 논의해야 하는 거 아닌가요?"

이런 질문이 많다는 건 구성원이 멍청해서가 아니다. 운영 시스템이 '기억에 의존'하도록 설계되어 있기 때문이다.

McKinsey는 빠른 의사결정을 위해 '누가 vote(결정)이고 누가 voice(인풋)인지'가 명확해야 하며, 역할 불명확성이 신속한 의사결정의 빈번한 장애물이라고 말한다.[5]

Decision Log는 그 장애물을 제거하는 장치다.

Decision Log가 줄이는 3가지 비용

① 재논의 비용: "그때 그 얘기 또 하자"를 줄인다.

② 되돌림 비용: 결정이 뒤집히는 이유(기준·근거)를 추적한다.

③ 정치 비용: "누가 뭐라 했더라" 대신 "우리는 무엇을 기준으로 결정했다"로 이동한다.

결정은 두 종류다: 가벼운 결정 vs 무거운 결정

모든 결정을 같은 방식으로 처리하면, 조직은 느려진다.

Amazon(제프 베이조스)은 2016년 주주서한에서 "모든 결정을 일률적으로 다루지 말라"며, 되돌릴 수 있는 결정('two-way doors')은 가벼운 프로세스로 갈 수 있다고 말한다.

이 개념을 이렇게 번역해 운영에 꽂는다.

- 되돌릴 수 있는 결정(가벼운 결정): 실험하고 수정하면 된다. → 빠르게
- 되돌리기 어려운 결정(무거운 결정): 신중해야 한다. → 기준과 리스크를 더 명확히

Bad vs Good: '결정' 한 줄이 실행 속도를 만든다

Bad(모호함)	Good(명확함)
결정: '고객 응대를 강화하기로 함' → '무엇을, 누가, 언제까지, 어떤 기준으로'가 빠져 실행이 흔들린다.	결정: "CS 응대 시간을 24시간에서 4시간으로 단축하기 위해, 1차 응답 템플릿 5종을 2주 내 도입한다." → 결과, 액션, 기한이 한 문장에 들어간다.
후속: '각자 알아서'로 끝난다.	후속: Owner, 기한, 점검일이 Decision Log 에 남는다.

Decision Log에는 이 분류를 한 줄로 넣는다. 그 한 줄이 회의의 무게(참석자, 자료, 시간)를 결정한다.

Decision Log 템플릿(1페이지)

템플릿: Decision Log 1페이지

Decision Log(1페이지 양식)

Decision Log (번호: DL- ___ / 상태: 결정·보류·되돌림 / 작성일: ______)

1) 결정문(Decision Statement)- 한 문장
- 우리는 _________을(를) 결정한다.

2) 결정 유형(무게)
- 되돌릴 수 있음(가벼움)/되돌리기 어려움(무거움)

3) 결정권자&역할
- Decider(최종 결정): _____________
- Driver(실행 총괄, 드라이버): _____________
- Input(핵심 인풋 제공): _____________
- Informed(공유 대상): _____________

※ 참고: 역할을 문서로 명확히 하면 기대치가 분명해진다.

(Atlassian의 DACI 템플릿도 Driver/Approver/Contributors/Informed로 역할을 구분해
'기대치를 명확히 한다'는 취지로 설명한다.)

4) 결정 기준(Criteria): 3개 이내
- C1: ___________
- C2: ___________
- C3: ___________

5) 고려한 옵션(Options)&이유(요약)
- Option A: _____ / 장점: _____ / 리스크: _____ / 선택 여부: O/X
- Option B: _____ / 장점: _____ / 리스크: _____ / 선택 여부: O/X

6) 결정(Outcome)

- 최종 결정: ____________
- 결정 이유(근거): ____________

7) 실행 항목(Action Items)

- A1: _____ / Owner: _____ / Due: _____ / 체크 시점: ____________
- A2: _____ / Owner: _____ / Due: _____ / 체크 시점: ____________

8) 재검토 조건(언제 다시 보나)

- 어떤 신호가 오면 다시 판단할까?: ____________
- 재검토 날짜(선택): ___년 ___월 ___일

Decision Log SAMPLE(예시)	
안건	CS 응대 시간을 24시간 → 4시간으로 단축
결정(한 줄)	1차 응답 템플릿 5종을 2주 내 도입하고, 주간 적용률을 점검한다.
근거(왜)	Top5 문의의 62%가 반복 질문이며, 표준 템플릿이 없어서 개인별 응답 품질 편차가 큼.
Owner/기한	Owner: 박OO(CS 리드) 기한: 202×-06-14 점검일: 매주 금 16:00(주간 루프)
필요 협업/의존	프로덕트: FAQ 링크 구조 정리 영업: 약관·가격 정책 최신본 제공 디자인: 템플릿 1페이지 가이드
다음 액션	A1 템플릿 초안 작성 → A2 리뷰(30분) → A3 Decision Log 확정(10분) → 배포

'결정권자'를 말로만 두면 조직은 쉽게 흔들린다

직급·체면·보고 문화가 강한 조직은 결정을 명시하지 않으면, 결정은 위에서 하지만, 회의에서는 '합의'처럼 말한다. 합의처럼 말했는데, 나중에 책임은 아래로 온다. 아래에서는 말을 아끼고, 위에서는 보고를 늘린다. 결국, 더 늦어진다.

Decision Log는 '누가 결정하는지'를 문서로 못 박아 불필요한 오해와 방어를 줄인다. 이건 문화 개선이 아니라 운영 개선이다.

4. Weekly Operating Calendar: 몰입 시간을 확보하는 주간 운영 설계

회의·결정·실행이 자동 연결 되려면, 마지막 퍼즐이 필요하다. 그건 시간 설계다.

많은 리더가 회의를 바꿀 때 놓치는 것이 있다.

회의가 좋아져도, 캘린더가 망가지면 몰입은 돌아오지 않는다.

'회의 피로'는 감정이 아니라 생리다

Microsoft WorkLab은 연속(Back-to-back) 회의가 스트레스를 높이고, 짧은 휴식이 집중과 참여(engagement)에 도움이 될 수 있다는 연구 내용을 소개한다.[2]

따라서, Weekly Operating Calendar의 첫 원칙은 이거다.

회의 사이에 '전환(transition)'을 위한 최소 간격을 설계하라. (예: 25/50분 회의 기본값+5~10분 간격)

Weekly Operating Calendar 설계 원칙 5가지

① 몰입 블록(Deep Work)을 먼저 예약한다. 회의는 빈칸을 채우는 것이 아니라, 몰입 블록을 피해서 잡히게 한다.

② 회의 창(Meeting Window)을 만든다. 하루 종일 회의가 흩어지면 맥락을 이해하느라 에너지를 소진한다. 오전·오후 특정 시간대를 회의 창으로 묶어라.

③ 의사결정 슬롯(Decision Slot)을 고정한다. 결정은 '언젠가'가 아니라 '정해진 시간'에 한다. 그게 속도를 만든다.

④ 주간 리듬(Align-Act-Review)을 캘린더에 박는다. 운영은 의지가 아니라 리듬이다.

⑤ '예외 처리' 규칙을 만든다. 긴급이 모든 것을 깨면, 운영은 다시 무너진다. '긴급의 정의'와 '긴급 회의의 라벨'을 Working Agreement에 넣어라(6장과 연결).

예시: 팀용 Weekly Operating Calendar- 1주 운영 설계

아래는 팀이 바로 따라 그릴 수 있는 기본형이다. (조직마다 다르지만, '뼈대'는 같아야 자동화된다.)

팀 기본형(예시)

- 월요일 09:30-10:00: 주간 Align(Goal Sheet 업데이트)
- 월요일~금요일 10:00-12:00: 몰입 블록(고정)
- 화요일/목요일 14:00-16:00: 회의 창(Discuss·Decide 회의 몰아서)
- 수요일 16:30-17:00: 중간 점검(막힘 제거, 의존 관계)
- 금요일 16:00-16:30: 주간 Review(성과·근거·학습 기록)

그리고 회의는 기본적으로 25/50분을 원칙으로 한다. (남는 5~10분은 기록·전환·휴식 시간)

리더용 Weekly Operating Calendar: '결정과 몰입'을 둘 다 살리는 방식

리더는 효율적·효과적으로 운영해야 하므로 프로세스를 신중하게 고민한다.

리더 기본형(예시)

시간 블록	운영 의도(예시)
월요일 09:00-10:00	전사·본부 정렬(우선순위, 리스크)
화요일/목요일 10:00-12:00	결정 슬롯(Decide 회의 집중 배치)
매일 12:00-13:00	회의 금지(회복, 생각)
수요일/금요일 15:00-17:00	1on1(리더 루틴, 9장에서 강화)
금요일 17:00-17:30	주간 Review(학습·인력·병목 정리)

5. A3 결정·실행 도입 방법: 2주 파일럿(작게, 빠르게, 확실하게)

A3는 교육으로 안 깔린다. 운영 실험으로 깔린다. 아래는 '2주 만에 체감 변화'가 나오도록 설계한 도입 절차다.

Week 1: 라벨링+템플릿+기록만 도입

① 모든 회의 제목 앞에 라벨을 붙인다: Share, Discuss, Decide

② Decide 회의에는 무조건 Decision Statement 1문장을 넣는다.

③ 회의 끝에 무조건 2가지를 남긴다.

  - Decision Log(결정이면)

  - Action Items(담당, 기한)

- 목표: 회의가 '끝나는 순간' 성과물이 남게 만든다.

Week 2: 캘린더 구조를 바꾼다(몰입 확보)

① 팀의 몰입 블록을 2개만 고정한다(예: 월~금 10-12).

② 회의 창을 만든다(예: 화/목 오후).

③ 25/50분 회의를 기본값으로 잡아 전환 시간을 만든다.

④ 불필요한 공유 회의는 '서면 업데이트'로 대체한다(Share → 문서).[5]

- 목표: '회의가 줄어서'가 아니라 몰입 시간이 살아서 성과가 달라지게 만든다.

6. A3 결정·실행이 제대로 도입됐는지 확인하는 지표 6개

운영은 감이 아니라 지표로 본다. 다만 KPI처럼 무겁게 하지 말고, 팀이 매주 볼 수 있는 가벼운 지표를 참고하는 것으로 충분하다.

① 회의 시간(총량): 주간 총 회의 시간

② 결정 리드타임: 이슈가 올라온 날 → 결정된 날

③ 결정 재오픈율: 같은 결정이 2주 안에 뒤집히는 비율

④ 액션 완수율: Action Items 중 기한 내 완료 비율

⑤ 몰입 시간 확보율: 몰입 블록이 실제로 지켜진 비율

⑥ 회의 만족도(1문항): "오늘 회의는 목적과 산출물이 명확했는가?"
(0~2점)

HBR는 '결정이 안 나서 같은 논의를 반복하는 회의'가 비효율의 핵심 장면임을 보여 준다. 즉, '재오픈율'과 '결정 리드타임'만 줄어도 체감 변화는 크다.

7. 이럴 땐 이렇게(Troubleshooting): 자주 망하는 패턴 8가지와 처방

증상(신호)	처방(리더 액션)
회의 목적을 라벨링 했는데, 실제로는 섞여 있다	회의 중간에 진행자가 한 번만 질문한다. "지금 이 회의는 공유입니까, 토론입니까, 결정입니까?"
Decide인데 결정권자가 없다	회의를 시작하지 말고 결정권자를 먼저 확정한다 (Decision Log).
사전 자료가 없어서 회의장에서 보고가 시작된다	Pre-read 없는 결정 회의는 원칙적으로 취소하거나 Discuss로 강등한다.
Decision Log는 있는데, 공유가 안 된다	'Informed(공유 대상)'을 의무 필드로 둔다(누가 알아야 하는가).
결정은 했는데 액션이 없다	결정 회의는 '결정 1개+액션 3개 이내'로 끝낸다.
액션은 있는데 담당·기한이 없다	액션 아이템은 무조건 Owner·기한이 있어야 한다. 없으면 액션이 아니다.
캘린더는 바꿨는데 긴급이 모든 걸 깨 버린다	긴급 정의를 Working Agreement에 넣고, 긴급 회의도 라벨링 한다.

회의 간격이 없어 하루가 전환 지옥이 된다	25/50분 회의 기본값+5~10분 간격. Microsoft는 휴식이 집중과 참여에 도움이 될 수 있다는 연구 결과를 소개한다.[2]

- A3 결정·실행의 목표는 회의를 없애는 것이 아니라 회의 → 결정 → 실행을 자동 연결 하는 것이다.
- Meeting OS는 회의를 공유·토론·결정으로 구분하고, 각 회의의 산출물을 고정한다.
- Decision Log는 결정의 기억을 사람에게 맡기지 않고, 결정권·기준·기한·공유를 문서로 남긴다. 역할 불명확성은 빠른 결정의 장애물이라는 McKinsey의 문제의식과도 맞닿아 있다.
- Weekly Operating Calendar는 몰입 시간을 확보하기 위한 시간 설계이며, 연속 회의의 부담을 줄이기 위해 전환 시간을 포함해야 한다.

10분 자가 점검

- 최근 회의 3개 중, 결정(Decision)과 액션(Action)이 문서로 남은 회의는 몇 개입니까?
- 회의 유형(공유, 토론, 결정)이 명확하며, 결정 회의에는 결정권자가 참석합니까?
- 액션 아이템에 Owner/기한/점검일이 붙어, '실행의 닫힘'이 일어납니까?
- 동시에 하는 일(WIP)을 줄이기 위해 '중단/보류' 결정을 공식적으로 한 적이 있습니까?
- A3 템플릿(회의록, Decision Log, 액션 로그) 중 아직 없는 것은 무엇입니까?

오늘 90분, A3 결정·실행 도입 체크리스트

- 회의를 Share/Discuss/Decide로 라벨링 한다
- Decide 회의는 Decision Statement 1문장을 강제한다
- Decision Log 1페이지 템플릿을 만들고 저장 위치를 정한다
- 모든 회의는 끝나면 액션(Owner, 기한)이 남게 한다
- 주간 캘린더에 몰입 블록 2개, 회의 창 2개를 고정한다
- 2주 파일럿 후, 지표 6개로 효과를 확인한다

A4 Archive(축적): 성과·근거·학습을 '조직 자산'으로 축적하라

고성과 조직의 비밀은 '뛰어난 사람'이 아니라 기억이 쌓이는 구조다. A4 축적은 성과를 '보고'로 소비하지 않고, 증거와 학습으로 축적해 '매번 처음처럼'을 끝낸다.

스퍼트나우 컨설팅 노트

전임자의 PC를 포맷하는 순간, 조직의 시행착오와 노하우도 함께 사라진다. 인수인계는 퇴사 직전에 몰아서 쓰는 문서가 아니다. 평소에 매주 '증거'와 '결정'을 남기게 해라.

Performance Sheet는 성과를, Post-Mortem(실패)은 학습을 '검색 가능한 자산'으로 옮긴다.

"왜 매번 똑같은 실수를 반복하죠?"

분기 말, 팀은 숨이 찬다. "이번 분기 정말 고생했다"는 말이 오간다. 하지만 다음 분기가 시작되면… 놀랍도록 비슷한 일이 다시 벌어진다.

협업 부서와 다시 같은 오해로 부딪히고, 회의는 다시 길어지고, 동일한 리스크가 또 터지고, 같은 유형의 컴플레인이 재발한다.

그러면 조직은 보통 사람을 탓한다.

"기억이 없나?"

"기록 좀 남겨."

"다음엔 조심해."

하지만 그 '다음'은 늘 비슷하다.

HBR의 Amy Edmondson은 "실패에서 잘 배우는 조직은 놀라울 만큼 드물고, 그 격차는 학습 의지가 없어서가 아니다."라고 지적한다. 즉, 문제는 의지가 아니라 학습이 '운영 시스템'으로 연결되지 않는 구조다.

A4 축적은 이 문제를 정면으로 다룬다.

지식은 '많이 아는 것'이 아니라 '다음에 더 빨라지는 것'이다. 그러려면 성과와 실패가 '문서'가 아니라 '자산'으로 남아야 한다.

1. A4 축적의 핵심: '보고(report)'를 '증거(evidence)'로 바꿔라

많은 조직에서 문서는 두 가지로 끝난다.

- 보고용 문서: 위에 보여 주고 끝(분기마다 새로 만들기)
- 기억용 문서: 누군가 써 두었지만 찾지 못함(검색 불가, 위치 불명)

A4 축적은 여기서 한 단계 더 간다.

Archive가 만드는 3가지 '남는 것'은 다음과 같다.

① 성과(Results): 무엇을 해냈는가?

② 근거(Evidence): 왜 성공·실패했는가(데이터, 사실, 증거)?

③ 학습(Learning): 다음에 더 빠르고 좋아질 패턴을 무엇으로 만들

   것인가?

이 3가지가 연결되면, 조직은 '잘한 척'이 아니라 '실제로 강해지는' 방식으로 성장한다.

그리고 이 장은 이를 위해 3개의 도입물을 제공한다.

기록하지 않는 팀에게 AI는 '깡통'이다: A4 Archive(축적)의 재정의

기록은 사람만을 위한 것이 아니다. 회의록, 결정 로그, 성과·회고 문서가 쌓일수록, 팀은 AI를 '문서 비서'로 써서 정리·검색·요약·재사용을 자동화할 수 있다. 반대로, 기록이 흩어져 있으면 AI는 학습할 재료가 없어, 아무리 좋은 도구라도 효과가 제한된다.[26][27]

여기서 A4(Archive)는 단순한 '보관함'이 아니다. 팀의 '세컨드 브레인(Second Brain)'이다. 개인의 머릿속 기억을 팀의 공용 자산으로 옮겨, 집단 지성(Collective Intelligence)을 '검색 가능한 형태'로 만들어 준다.

아카이브가 쌓이면, '누가 기억하느냐'가 아니라 '어디에 남겨졌느냐'가 실력을 결정한다. 천재 한 명의 기억보다, 기록으로 연결된 팀의 집단 지성이 더 빠르고 더 일관된 의사결정을 만든다.

A4는 '서류 정리'가 아니다. AI 준비 태세(AI Readiness)다. 우리 팀

의 암묵지(Tacit Knowledge)를 AI가 학습할 수 있는 구조화된 데이터(Structured Data)로 바꾸는 과정이다. 같은 회의록이라도 '안건-결정-근거-담당-기한'이 표준화되어 있으면 AI는 그것을 데이터셋으로 읽는다. 반대로 "오늘 회의함. 열심히 하자." 수준으로 남기면 AI는 아무것도 못 한다.

그러니 아카이브를 '많이' 쌓으려 하지 말고, '읽히게' 쌓아라. 사람이 찾기 쉬우면, AI도 찾는다. 사람이 재사용하기 쉬우면, AI도 재사용한다. A4를 제대로 깔아 두면, 부록의 AI 프롬프트는 장난감이 아니라 '운영 도구'가 된다.

Tip: AI가 읽기 좋은 Archive(축적) 규칙

규칙	예시, 기준
1) 제목 규칙을 고정하라	YYYY-MM-DD·프로젝트·주제·[태그]를 한 줄로(예: 2026-01-26_온보딩_7일가이드_[A5])
2) 결론을 위로 올려라	상단 3줄에 결론·결정·다음 액션을 먼저 쓴다(두괄식).
3) 필드를 표준화하라	Decision Log는 '결정-담당-기한-근거'를 고정 필드로 유지한다.
4) SSOT를 지켜라	원본은 한 곳(SSOT)에만 둔다. 복사본·중복 문서를 만들지 않는다.
5) 근거를 링크로 남겨라	데이터·원문·티켓·슬랙 스레드 링크를 함께 남긴다.
6) 용어를 통일하라	Goal Sheet/Decision Log 등 핵심 개념은 책 전체에서 한 표기로만 쓴다.
7) 버전과 책임을 남겨라	작성자, 업데이트 날짜, 관련 결정 링크를 함께 남긴다.
8) 태그로 구조화하라	줄글 대신 [Decision]-[Rationale]-[Action] 라벨을 붙여라. AI가 요약·추출하기 쉬워진다.

- 프롬프트 예시: "아래 회의 메모를 Decision Log(결정, 근거, 담당, 기한) 형식으로 변환해 줘."

① Performance Sheet: 성과를 '보고'가 아니라 '증거'로 만드는 1페이지

② Post-Mortem(실패 해부): 비난 없이 학습을 운영으로 만드는 방식

③ 지식이 쌓이는 구조: 문서·메신저·회의록·결정 기록의 '길'을 정리하는 법

2. Performance Sheet: 성과를 '보고'가 아니라 '증거'로 만드는 법

성과가 '정치'가 되는 순간은 늘 같다

성과가 증거가 아니라 서사(말)로만 남으면, 조직한테는 누가 더 말을 잘하느냐가 성과처럼 보이고, 보고서가 더 예쁘면 성과처럼 보이고, 근거가 없으니 반박이 아니라 '기분'이 싸움이 된다. 결국, 구성원은 성과가 아니라 '평가에 안전한 산출물'로 최적화한다.

A4 축적의 첫 번째 처방은 단순하다.

성과는 주장(Claim)이 아니라 증거(Evidence)로 남겨라.

Performance Sheet는 '문서 1장'이 아니라 '팀의 기억 장치'다

Performance Sheet는 길게 쓰지 않는다. 딱 1페이지에, 매주·매월·분기마다 같은 형식으로 쌓는다.

그리고 이 1페이지가 모이면 조직에게는 "우리는 뭘 했지?"가 아니

라 "우리는 왜 그렇게 했지?"가 남고, 실패가 비난이 아니라 데이터가 되고, 신규 인력이 들어와도 맥락을 빠르게 따라온다. 또한 다음 분기 실행 속도가 빨라진다(재작업 감소).

템플릿: Performance Sheet 1페이지

아래 템플릿은 비기술 조직(영업, 마케팅, HR, 기획·운영)에서도 그대로 쓰도록 설계했다.

PERFORMANCE SHEET(1페이지 양식)

PERFORMANCE SHEET (기간: _____ / 팀·프로젝트: _____ / 버전: v __)

1) 이번 기간의 목표(Outcome)- 1~3개

- G1: ___________
- G2(선택): ___________
- G3(선택): ___________

2) 결과(Results)- 무엇이 달라졌나?

- 핵심 결과 1줄: ___________

3) 증거(Evidence)- "그래서?"에 답하는 근거 3개

- E1(데이터·지표): _______ (Before __ → After __)
- E2(고객·현장 목소리): _______ (인용·사례 1개)
- E3(산출물·스크린샷·링크): _______ (링크, 첨부)

4) 우리가 한 선택(Decisions)- 무엇을 선택·포기했나?

- 결정 1: _____ (근거: _____ / DL 링크: ____)
- Stop(하지 않기로 한 것): ___________

5) 학습(Learning)- 다음에 더 빨라지게 만드는 3줄

- 잘된 것(Keep): ___________
- 개선할 것(Problem): ___________
- 다음 행동 1개(Next): _______ (Owner, 기한)

6) 재발 방지·표준화(있다면)

- 표준화할 규칙·문서 1개: _____ (링크: ____)

7) 공유 대상(Informed)

- 누가 알아야 하나?: ___________

핵심 원칙

- '결과'는 한 줄, '증거'는 세 줄, '학습'은 세 줄.
- 길게 쓰지 말고, 다음 실행이 빨라지게 써라.

PERFORMANCE SHEET SAMPLE(예시)	
기간/팀	202×년 6월/운영팀
이번 달 결과	1) 결정 리드타임 7일 → 3일(중앙값) 2) 재작업률 30% 감소(반려·수정 요청 기준) 3) 주간 루프 준수율 90%
증거(데이터)	Decision Log 42건/평균 리드타임 리포트 협업툴 재작업 태그 집계 회의 캘린더 참석·취소 기록
잘된 운영(Keep)	K1 '결정-담당-기한'이 빠진 안건은 다음 주로 이월(원칙 유지) K2 Stop List를 지켜 신규 요청 12건 거절·연기
개선 포인트 (Change)	C1 의존 관계(승인, 리소스) 표기가 약해 막힘이 늦게 드러남 → 다음 달 Goal Sheet에 의존 1줄 의무화
다음 달 Top1 개선	'막힘 24시간 내 에스컬레이션' 준수율 80% 달성(점검 루틴 고정)

'증거'를 만드는 가장 쉬운 방법 5가지

증거는 거창한 BI가 아니다. 팀이 당장 할 수 있다.

Before/After 1개

- 예: 처리 시간 5일 → 3일, 재작업 10건 → 6건

대표 사례 1개

- 고객·현장·파트너 사례를 짧게(한 문장) 남긴다.

결정 근거 링크 1개

- Decision Log(7장)로 연결: '우리가 왜 이 길을 택했는지'가 남는다.

실패 신호 1개

- 예: '이 가설은 틀렸다'를 증거와 함께 남기기(다음 팀이 같은 실험을
  반복하지 않게)

표준화된 산출물 1개

- 체크리스트, 가이드, 스크립트, FAQ 중 하나라도 남기면, 그게
  자산이다.

Performance Sheet 운영 스크립트: 주간 30분이면 충분하다

A3 결정·실행에서 '주간 Review(학습·성과 기록)'를 예고했다. 그
Review를 Performance Sheet로 고정하면 된다.

주간 Review(30분) 진행 순서

- 0-10분: 이번 주 결과 한 줄(무엇이 달라졌나)
- 10-20분: 증거 3개 붙이기(데이터, 사례, 링크)
- 20-30분: 다음 행동 1개만 확정(Owner, 기한)

이 회의에서 금지: '열심히 했다'로 끝내기 반드시 증거 1개+다음 행
동 1개가 남아야 한다.

3. Post-Mortem(실패 해부): 비난 금지·학습 중심 회고를 운영으로 만드는 방식

Post-Mortem은 '회고'가 아니라 '재발 방지 설계'다

즉, Post-Mortem의 핵심은 감상문이 아니라 다음 재발을 줄이는 운영 설계다.[15] Atlassian은 Post-Mortem을 '사고(incident)의 영향, 완화·해결을 위해 취한 행동, 근본 원인, 재발 방지 후속 조치를 담는 서면 기록'으로 정의한다.

그런데 Post-Mortem이 잘 안되는 이유는 하나다.

사람이 두렵기 때문이다. "누가 잘못했나"가 되면, 누구도 솔직해질 수 없다.

Google SRE가 말하는 '비난 금지·학습 중심 회고'는 이렇게 정리할 수 있다. 개인이나 팀을 탓하지 않고, 당시의 조건(정보, 절차, 도구, 의존 관계, 의사결정 구조) 속에서 무엇이 사건에 영향을 미쳤는지[10] 시스템 관점에서 원인을 찾다. 그리고 참여자 모두가 당시 가진 정보 안에서 최선을 다했다고 전제한다.

그리고 이 문장은 리더에게 아주 중요한 경고를 준다.

요지는 '사람을 고치려 들기보다, 시스템과 프로세스를 고쳐야 재발이 줄어든다'는 것이다. 즉, 사람을 고치려 하지 말고 시스템을 고쳐야 재발이 줄어든다.[10]

Etsy의 John Allspaw는 Post-Mortem(실패 해부)의 핵심을 이렇게 설명한다. '처벌에 대한 두려움'이 사라져야 사실이 드러나고, 사실이 드러나야 재발을 막을 수 있다는 점이다.[15]

두려움이 사라져야 사건의 디테일이 드러나고, 디테일이 드러나야,

재발을 막을 수 있다.

'실패'도 종류가 다르다: 어떤 실패를 학습 대상으로 삼을 것인가

Edmondson은 실패를 단순히 '나쁜 것'으로 보지 말고, 맥락에 따라 다른 전략이 필요하다고 말한다. 예를 들어, 실패를 예방 가능한 것, 복잡성에서 오는 불가피한 것, 프론티어에서 지능적으로 발생하는 것 등으로 구분해 보라고 제안한다.[13]

이걸 현장 운영 언어로 바꾸면 이렇게 된다.

- 규정 위반·기본 미준수 실패: 표준과 체크리스트로 줄인다.
- 복잡한 협업·다단계 의존 실패: 조기 감지와 빠른 수정 루프로 줄인다.
- 새 시도·실험 실패: 작은 실험으로 빨리 배우고 축적한다.

이 구분이 없으면, 조직은 모든 실패를 '비난거리'로 만들거나, 반대로 모든 실패를 '괜찮다'로 뭉개서 학습이 사라진다.

Post-Mortem을 해야 하는 '트리거'(언제 반드시 하는가)

Google SRE는 Post-Mortem이 필요한 기준을 사전에 정의하라고 말하며, 예시로 사용자 영향이 큰 다운타임, 데이터 손실, 해결 시간이 임계치를 넘은 경우, 모니터링 실패 등을 제시한다.

비기술 조직에서도 똑같이 번역할 수 있다. 다음 중 하나라도 해당되면 '실패 해부'를 한다.

Post-Mortem(실패 해부) 문서 템플릿(2페이지)

Atlassian은 Post-Mortem의 목표를 "기어 원인을 이해하고, 미래 참조와 패턴 발견을 위해 문서화하며, 재발 가능성과 영향을 줄일 예방 조치를 실행하는 것"으로 설명한다. 아래 템플릿은 그 목적을 비기술 조직에도 바로 적용하도록 구성했다.

- T1: 첫 조치
- T2: 에스컬레이션(절차)
- T3: 임시 해결
- T4: 근본 해결·복구
- T5: 정상화 확인

3) 기대(가정) vs 실제(현실)

- 우리는 원래 _____라고 생각했다(가정): ___________
- 실제로는 _____였다(현실): ___________

4) 기여 원인(Contributing Factors)- 3~5개

- 프로세스(절차, 승인, 핸드오프): ___________
- 커뮤니케이션(기록, 공유, 채널): ___________
- 의사결정(권한, 기준, 기한): ___________
- 리소스(인력, 역량, 툴, 시간): ___________
- 외부 요인(고객, 파트너, 정책): ___________

5) 근본 원인(Root Cause)- '한 문장'으로

- 근본 원인: ___________

6) 무엇이 잘됐나(Keep)- 3개 이내

- K1: ___________
- K2: ___________

7) 무엇이 안됐나(Change)- 3개 이내

- C1: ___________
- C2: ___________

8) 재발 방지 액션(Action Items)- '사람'이 아니라 '시스템'을 고친다

- A1: _____ / Owner: _____ / Due: _____ / 우선순위: H/M/L
- A2: _____ / Owner: _____ / Due: _____ / 우선순위: H/M/L

9) 후속 조치 관리(완료 추적)

- 완료 기준: '체크했다'가 아니라 '운영에 반영됐다'
- 점검일: ________ (2주·4주 후)

10) 공유(학습 확산)

- 공유 대상: ___________
- 공유 방식: 링크·브리핑·주간 리뷰

- 중요: 액션이 없으면 Post-Mortem은 감상문이 된다. Atlassian도 Post-Mortem 후속 조치가 실제로 완료되도록 추적 시스템(예: Jira 이슈, Confluence 페이지 등)을 운용한다고 설명한다.

POST-MORTEM SAMPLE(예시)	
사건	온보딩 자동 안내 '중복 발송' 이슈(2025-05-13)
영향(Impact)	고객 312명에게 동일 메시지 2회 발송 → CS 문의 68건 증가, 신뢰 하락
타임라인(사실)	10:02 배포/10:37 CS 문의 급증 감지/10:55 발송 중단/12:10 재발 방지 임시 조치
기여 원인(시스템)	1) 변경 승인 기준 모호(긴급 배포 예외가 상시화) 2) 발송 모니터링 부재(이상 탐지 신호 없음) 3) Q&A 체크리스트가 '수동'에 의존
액션(2~3개)	A1 발송 배포는 Change Card 필수(Owner, 승인, 리스크)- 5/20 A2 발송 모니터링 알람(임계치, 담당자) 도입- 5/27 A3 Q&A 체크리스트 자동화(필수 항목 7개)- 6/10
점검일	2주 후(6/3) 액션 진행률 리뷰+재발 여부 확인

Post-Mortem 미팅 운영 스크립트(60분)

Atlassian은 Post-Mortem '미팅'과 '리포트(문서+액션)'를 구분하며, 올바른 사람을 모으고 타임라인을 준비하는 등 미팅 전 준비가 중요하다고 설명한다.

60분 스크립트 예시는 다음과 같다.

- 5분: '학습 중심 회고' 원칙 합의(리더 30초 멘트+모두 동의)
- 리더 30초 멘트(예시): "오늘은 누군가의 책임을 따지는 자리가

아니라, 사실과 흐름을 복원해 재발을 줄일 '시스템 액션'을 정하
는 시간이다. 사람을 비난하지 않고, 당시의 정보, 제약, 우선순
위 안에서 최선의 선택을 했다는 전제에서 시작한다. 회의가 끝
나면 담당자·기한이 있는 액션 2~3개를 확정하고, 다음 점검일
에 반드시 확인하겠다."

① 15분: 타임라인 복원(사실만, 해석 금지)
② 15분: 기대 vs 실제(가정이 어떻게 깨졌는지)
③ 15분: 기여 원인 3~5개 정리(사람 아닌 시스템)
④ 10분: 액션 2~3개 확정(담당자, 기한, 점검일)

회의의 산출물은 '좋은 토론'이 아니라 액션 아이템이다.

4. 지식이 쌓이는 구조: 문서·메신저·회의록·결정 기록의 '길' 정리

Archive가 실패하는 이유는 대부분 도구의 문제가 아니다. '길(흐
름)'이 없기 때문이다.

메신저에 중요한 결정이 묻히고, 회의록은 개인 노트에 남고, 문서
는 드라이브 여기저기에 흩어지고, 정답이 사람 머릿속에만 있고, 퇴
사·이동과 함께 지식이 증발한다.

그래서 A4 축적은 정보가 흘러가는 길을 표준화한다.

4가지 저장소를 구분하라: 메신저는 '결정' 저장소가 아니다

① 메신저(Flow): 흐르는 대화

- 용도: 빠른 조율, 긴급 알림
- 금지: 최종 결정, 근거가 필요한 합의(나중에 분쟁이 된다)

② 회의록(Record): 그 주의 실행 기록

- 용도: Meeting OS의 결과(결정, 액션) 남기기
- 위치: 팀 공용(검색 가능)이어야 한다

③ Decision Log(Truth): 우리의 공식 결정

- 용도: 누가, 무엇을, 언제, 어떤 기준으로 결정했는지(7장)
- 역할: 되돌림·재논의 비용 감소

④ Archive(Asset): Performance Sheet/Post-Mortem

- 용도: 성과, 근거, 학습을 '재사용 가능한 자산'으로 남기기

이 4개가 구분되면, 팀은 이런 질문에 즉시 답한다.

- "그때 왜 그렇게 결정했죠?" → Decision Log
- "이번 분기 무엇이 달라졌죠?" → Performance Sheet
- "그 사건 이후 무엇을 바꿨죠?" → Post-Mortem+Action follow-up

'한곳 원칙': 찾을 수 있어야 자산이다

Atlassian의 템플릿·핸드북은 Post-Mortem을 문서로 남기고 후속 조치를 추적하며, 필요에 따라 Confluence 페이지(협업 툴) 같은 단순

한 시스템을 사용할 수 있다고 말한다.

도구는 무엇이든 좋다(노션, 구글드라이브, 컨플루언스, 사내 위키). 중요한 건 한곳(싱글 소스)+링크 연결이다.

Atlassian은 Confluence를 '흩어진 정보를 single source of truth로 바꾼다'는 취지로 설명한다. (특정 제품을 쓰라는 뜻이 아니라, 원칙이 중요하다는 뜻이다.)

GitLab은 공개된 핸드북(Handbook)을 중심으로 '핸드북 퍼스트(Handbook-first)' 원칙을 운영해, 사람 머릿속 암묵지 대신 문서에서 답을 찾게 만든다.[20]

실패가 자산이 되려면 기록이 먼저다.[10] Google SRE의 Post-Mortem 문화는 '누가'가 아니라 '시스템의 어디가' 고장 났는지를 묻는다.

권장 구조(폴더·페이지 구조 예시)

팀 지식 구조(추천)

- 01_Goal Sheet(주, 월, 분기)
- 02_Decision Log
- 03_PerformanceSheets
- 04_Post-Mortems
- 05_Templates(회의록, 요청서 5줄, 변경 카드 등)

그리고 문서는 반드시 서로 링크한다.

- Performance Sheet에는 관련 Decision Log 링크

- Post-Mortem에는 관련 Goal Sheet/Decision Log/후속 조치
  링크

이렇게 하면 '기억'이 아니라 네트워크(연결된 지식)가 된다.

5. A4 축적, 제대로 도입됐는지 확인하는 지표 6개

A4는 '느낌'으로 평가하면 곧바로 무너진다. 다만 KPI처럼 무겁게
하지 말고, 아래 6개면 충분하다.

① 재발률: 동일 유형 문제 3개월 내 재발 횟수

② 액션 완수율: Post-Mortem 액션이 기한 내 완료되는 비율

③ 검색 시간: '관련 결정·근거 찾는 데 걸리는 시간'(평균)

④ 증거 포함률: Performance Sheet에 '증거 3개'가 실제로 채워졌는
  가?

⑤ 공유 도달률: 학습이 필요한 이해관계자에게 공유됐는가(링크, 브
  리핑)?

⑥ 문서 재사용률: 다음 프로젝트에서 과거 문서가 참조됐는가?

Atlassian은 Post-Mortem의 목표에 '미래 참조와 패턴 발견을 위한
문서화'를 포함시키며, 재발 방지 액션을 실행하는 것을 강조한다.

6. 이럴 땐 이렇게(Troubleshooting): 자주 망하는 패턴 7가지와 처방

증상(신호)	처방(리더 액션)
문서를 '많이' 남기려다 실패한다	'남길 가치가 있는 것만' 남겨라(결정, 근거, 학습).
후속 조치가 실행되지 않는다	액션에 Owner/기한을 붙이고, 2주/4주 점검일을 캘린더에 고정하라. Atlassian은 후속 조치 완료를 추적·승인하는 운영을 한다고 설명한다.
Performance Sheet가 '주간 보고서'로 변질된다	결과 한 줄+증거 3개+다음 행동 1개만 남기고, 나머지는 버려라.
학습이 '그럴 줄 알았다'로 끝난다(얕은 교훈)	Edmondson이 지적하듯 '절차 미준수' 같은 표면적 교훈을 넘어 맥락 기반 분석이 필요하다.
메신저가 사실상 지식 저장소가 된다	결정은 Decision Log, 학습은 Performance/Post-Mortem으로 강제 이동.
좋은 문서가 개인의 역량이 된다(작성자만 잘함)	템플릿을 고정하고, 작성 난이도를 낮춰 '누구나 같은 형식'으로 남기게 하라.
실패를 숨긴다	실패의 종류를 구분하고, '복잡성·실험에서의 실패는 학습 대상'이라는 메시지를 리더가 명확히 줘라.

Tip: 리모트·하이브리드 팀의 A4 Archive(축적)

- 메신저 결론은 24시간 내 문서(Decision Log, Performance, PostMortem)로 이동한다.
- 검색 가능한 제목 규칙을 고정한다: [YYYY-MM-DD][팀·프로젝트][결정·회고][태그].
- '한곳(SSOT)'을 정한다: 링크는 한곳으로만 모으고, 개인 드라이브에 흩어지지 않게 한다.
- 분기 말에는 AI로 로그·시트를 요약해 '반복되는 패턴'(리스크·병목·효과)을 뽑아 다음 분기 개선 1개로 연결한다.

- 학습이 되지 않는 조직의 문제는 의지가 아니라 구조다.
- Performance Sheet는 성과를 '보고'가 아니라 증거+학습으로 남기는 1페이지 장치다.
- Post-Mortem은 비난 없이 기여 원인을 찾아 재발을 줄이는 운영 장치이며, '좋은 사람'을 믿는 게 아니라 '좋은 시스템'을 만드는 접근이다.
- 지식은 흩어져 있으면 자산이 아니다. '한곳 원칙'과 링크 구조로 찾을 수 있게 만들어야 한다.

- □ 우리 조직이 '남길 가치가 있는 기록'의 범위는 명확합니까?(결정, 근거, 학습)
- □ Performance Sheet가 '주간 보고서'가 아니라 결과 한 줄+증거+학습으로 남고 있습니까?
- □ 이슈·실패 이후 2주 내 학습 회고(Post-Mortem)를 진행하고, 후속 액션을 확정합니까?
- □ 지식 저장소가 메신저가 아니라 찾을 수 있는 '한곳'입니까? 검색·링크 구조가 있습니까?
- □ 후속 조치가 실행되었는지 점검하는 캘린더 점검일(2주/4주)이 고정되어 있습니까?

- 리모트 팀의 기억은 '검색 가능성'으로 결정된다. 결정·근거·학습은 한곳(위키, 노션, Confluence 등)에 모으고, 메신저는 링크만 남겨라.
- Post-Mortem은 회의가 아니라 문서+액션이다. 액션 2~3개를 Owner·기한·점검일로 고정하고 캘린더에 넣어야 재발이 줄어든다.
- 문서 제목 규칙(날짜-주제-결정), 태그, 링크 구조를 표준화하라. 표준이 없으면 '찾을 수 없는 지식'이 된다.

리더 오토메이션: 리더십을 '감각'이 아니라 '루틴'으로 만들기

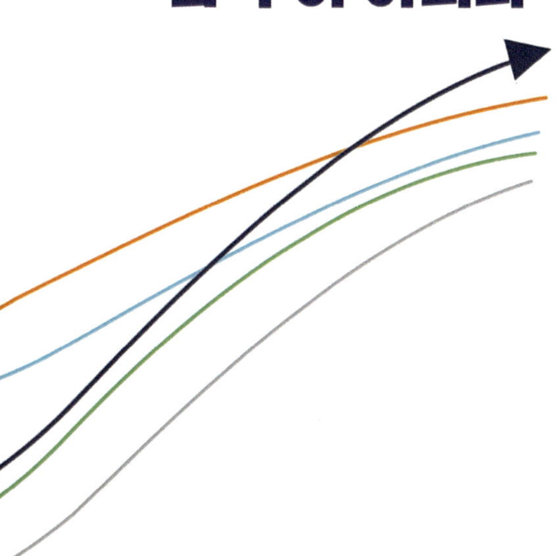

A5 Appreciate(인정·성장): 대화·피드백·인정을 운영 루틴으로 자동화하라

조직 운영을 '자동'으로 굴리려면, 마지막에 반드시 도입해야 하는 장치가 있다. 대화·피드백·인정(CFR: Conversation, Feedback, Recognition)이다. 많은 리더가 이것을 '좋은 문화'나 '착한 리더십'의 영역으로 착각한다. 그러나 A5 인정·성장은 감성의 문제가 아니라 운영 시스템의 안정 장치다. A1~A4(정렬-합의-실행-기록)가 설계돼 있어도, 대화·피드백·인정이 루틴으로 돌지 않으면 운영은 결국 사람의 컨디션과 분위기에 좌우된다. 시스템이 아니라 '기분'으로 굴러가게 된다. 필자도 OKR컨설팅 및 성과 관리 프로젝트 PM을 진행하는 동안 CFR코칭 세션을 중요하게 생각했다. S사 OKR컨설팅 진행 시에는 짝수 주간은 스프린트 미팅 참여 및 코칭을, 홀수 주간은 팀 리더 대상 CFR코칭 세션을 별도로 운영했다.

리더가 착한 사람일 필요는 없다. 예측 가능한 사람이면 된다. 감정은 흔들릴 수 있다. 그러나 1on1·피드백·인정이 캘린더에 고정된 루틴으로 돌아가면, 팀원은 '다음이 예측되는 안전'을 느낀다. 그 안정감이 성장을 성과로 연결한다.

이미 많은 조직이 1on1, 수시 피드백, WIP(실행 중 업무) 관리, 협업 툴을 통해 더 민첩하게 일하고 있다. 이 장은 '새로운 스킬'을 전수하기보다, 그 좋은 실천들이 A1~A4 운영 구조와 연결되어 지속 가능한 루틴(캘린더+템플릿)으로 굳어지게 만드는 연결 고리를 제공한다.

Adobe는 연말 등급 중심 평가를 줄이고 상시 'Check-in' 방식으로 전환한 대표 사례로 자주 인용된다.[18] 국내에서도 삼성전자는 공식 자료에서 리더-구성원 간 1on1 미팅과 중간 점검을 통해 연중 상시 피드백('수시 피드백')을 운영한다고 공개한다.[17] 이 책은 이런 좋은 실천이 캠페인으로 끝나지 않고 운영 기본값(리듬+템플릿)으로 굳어지게 만드는 연결 구조를 제안한다.

A5 Appreciate(인정·성장)를 '스킬'이 아니라 '운영 루틴'으로 만드는 연결

- A1 Align(정렬): 1on1·피드백의 기준선을 '이번 분기·이번 주 우선순위'에 연결한다.
- A2 Agree(합의): 피드백 규칙(언어·빈도·채널·기대치)을 '합의 문서·협업 규칙'로 고정한다.
- A3 Act(실행): 대화에서 나온 약속을 '액션 아이템(Owner, 기한)'으로 달아 실행을 만든다.
- A4 Archive(기록): 성장·인정의 근거와 학습을 '기록'으로 남겨 재현성을 만든다.

이 장의 목표는 단 하나다.

리더십을 감각이 아니라 루틴으로 바꾸는 것. 루틴이 되면 재현된다. 재현되면 확장된다.

- 근거(관점): 리더의 핵심 역할은 '결정자'가 아니라 '명확성 설계자'다.

심리적 안전감과 성장 마인드셋 같은 개념도, 결국은 '한 번의 좋은 말'이 아니라 반복되는 루틴(1on1, 수시 피드백, 인정)으로만 조직에 남는다.[16] 휴즈 존슨과 클래어의 저서 『Scaling People』은 성장하는 조직에서 리더의 역할을 '명확성(Clarity)을 설계하는 일'로 정의한다.

리더의 뷰(View): 시스템이 돌아가기 시작하면 비로소 사람이 보인다

오토메이션이 정착되면, 리더는 '진척을 쫓는 사람'에서 '토양을 설계하는 사람'으로 전환된다.

- 진행을 묻기보다, 장애물을 제거한다.
- 말이 늦어지는 신호를 듣고, 대화의 안전을 설계한다.
- 반복되는 문제를 '개인 탓'이 아니라 '시스템 결함'으로 번역한다.

시스템이 기본값이 되면, 리더는 더 '덜' 개입하는 것이 아니라 '더 정교하게' 개입할 수 있다. 이것이 오토메이션의 끝이 '기계화'가 아니라 '휴먼 터치(코칭)의 시작'인 이유다.

1. A5를 도입하지 않은 조직에서 벌어지는 일: '말이 아까워진다'

A5가 없으면 조직은 문서가 있어도 말이 사라지고, 회의가 있어도 합의가 무너지고, 성과가 있어도 학습이 남지 않는다. 이유는 간단하다.

- 대화가 없으면: 목표는 문서에만 남고, 현실은 각자 해석으로 움직인다.
- 피드백이 없으면: 문제는 '누구나 아는데 아무도 말하지 않는 것'이 된다.
- 인정이 없으면: 좋은 행동이 강화되지 않는다. 결국 '조용한 사직(Quiet Quitting)'처럼, 최소한만 하는 사람이 늘어난다.

여기서 핵심은 '분위기'가 아니다. 심리적 안전감(psychological safety)이다.

Amy Edmondson은 심리적 안전감을 이렇게 정의한다.

> "팀 심리적 안전감은 팀이 대인관계적 위험을 감수해도 안전하다고 구성원이 공유하는 믿음이다."[13]

심리적 안전감이 무너지면 무엇이 일어나는가? 사람들이 질문을 안 하고, 실수를 숨기고, 반대 의견을 미루고, 문제를 '보고용 언어'로 포장한다.

그리고 위계가 강한 조직일수록 여기에 구조적으로 더 취약하다.

권위·서열이 강한 환경에서는 '윗사람에게 말하기'의 비용이 커지고, 그 비용은 침묵과 우회를 낳는다.

또한 체면은 갈등·대화 방식에 영향을 준다. 체면이 위협받는 순간, 대화는 사실보다 방어를 우선하게 된다. 정리하면 이렇다.

말이 늦어지는 이유는 개인의 성격이 아니라, 체면+권위+평가의 그림자가 만들어 낸 구조다. 그래서 A5는 '좋은 말'이 아니라 두려움을 줄이고, 말이 나오게 만드는 장치로 설계돼야 한다.

2. CFR Log: 대화·피드백·인정을 '기억'이 아니라 '기록'으로 만든다

이 책에서 A5의 핵심 도구는 CFR Log다. (Conversation-Feedback-Recognition)

CFR은 원래 '성과 관리'를 연간 평가가 아니라 지속적 대화로 운영하려는 흐름에서 강조된 개념이다. What Matters는 CFR을 다음과 같이 설명한다.

- Conversations: 진행, 전술, 병목 등 '일 자체'에 대한 대화
- Feedback: 현재 행동과 의도 사이의 간극을 줄이는 코칭
- Recognition: 작은·큰 성취를 즉시 구체적으로 인정해 '좋은 행동'을 강화

여기서 핵심은 'CFR을 잘하자'가 아니다.

CFR을 '누적'할 수 있게 하자. 즉, 대화를 운영 자산으로 만드는 것이다.

CFR Log가 필요한 이유는 '대화는 휘발되기 때문'이다.

리더십이 어려운 가장 큰 이유는 '기억에 의존하는 운영' 때문이다.

"내가 그때 피드백했던가?"

"저 사람이 원래 그런가, 최근에 달라졌나?"

"누가 무엇을 약속했지?"

"왜 인정이 불공정하게 느껴지지?"

CFR Log는 이 문제를 해결한다. 대화를 기록하면, 리더십이 '감'이 아니라 '증거'로 바뀐다. 그리고 A4 축적(성과, 근거, 학습의 축적)과 자연스럽게 연결된다.

3. CFR Log 템플릿: 1장짜리로 충분하다

아래는 책에서 추천하는 최소형 CFR Log다. (핵심은 '많이 적기'가 아니라 '계속 적기'다.)

CFR Log(최소형)

항목	기록 가이드(예시)
날짜/맥락	1on1, 회의 직후, 메시지 피드백 등
C- Conversation(대화)	• 이번 주 가장 중요한 우선순위 1~2개 • 현재 진행률(%)과 가장 큰 장애물 1개 • 내가 도울 수 있는 것 1개(리더 액션)

F- Feedback(피드백)	• 관찰한 행동 1개(사실 중심) • 영향 1개(팀, 고객, 일정, 관계) • 다음 행동 요청 1개(구체적)
R- Recognition(인정)	• 반복되길 바라는 행동 1개 • 그 행동이 만든 영향 1개(가치·성과 연결)
다음 액션	담당자·기한·체크 방법(측정 기준)
규칙	한 사람당 한 주에 3줄이면 성공이다. (C 1줄 +F 1줄+R 1줄)

CFR LOG SAMPLE(예시)	
상황(Fact)	주간 스탠드업에서 발표 중인 동료의 말을 3번 끊고, 휴대폰을 확인했다.
영향(Impact)	발표자가 핵심 근거를 생략했고, 회의가 '재설명'으로 길어져 결정이 미뤄졌다.
요청(Request): 요청 전 ASK를 통해 상대방의 상황 및 이해점은 없는지 파악	다음 회의에서는 발표 중 끼어들지 않고, 질문은 '끝나고 2분'에 모아서 하자.
인정/강화(Recognition)	우려를 쟁점으로 정리해 준 방식은 좋았다. 그 강점은 유지하되, 타이밍만 조정하자.
합의/다음 점검	다음 주 스탠드업에서 10분만 관찰 후, 개선 여부를 바로 피드백한다.

4. 1on1 운영 시스템: 성과·성장·관계를 분리하면, 대화가 쉬워진다

A5는 '말을 잘하는 리더'를 만드는 장이 아니다. 말이 나오게 만드는 설계를 제공한다.

그 설계의 중심은 1on1이다.

Google re:Work는 Project Oxygen 맥락에서, 더 좋은 매니저들이 팀원과 빈번한 1on1을 더 많이 한다고 말한다. 그리고 효과적 1on1 운영 팁을 구체적으로 제시한다.

예를 들면 다음과 같다.

- 정기적으로(보통 30~60분, 매주 또는 격주) 잡기
- 공유 아젠다 문서를 만들어 양쪽이 함께 채우기
- "내가 무엇을 도와줄까?", "요즘 무엇을 하고 있나?" 같은 체크인 질문
- 리더가 "내가 더 잘해야 할 게 있나?"처럼 피드백을 요청하기

- 마지막에 액션·합의를 확인하고 "What else?"로 숨은 이슈를 끌어 내기

이걸 그대로 위계·평가 압력이 큰 조직에 적용하면 실패하는 경우가 있다. 이유는 보통 두 가지다.

① 1on1이 업무 보고로 변질된다.
② 1on1이 관계 관리로만 흘러 성과가 빠진다.

그래서 이 책은 1on1을 세 개로 분리해 설계한다.

Tip: 팀원이 1on1 들어오기 전 5분, 생각해야 할 3가지

1on1의 주인은 팀원이다. 아래 3가지를 적어 오지 않으면 '별일 없습니다'로 끝나기 쉽다.

- 자랑거리(Achievement): 이번 주 가장 몰입해서 끝낸 일은 무엇인가? (작은 승리 확인)
- 장애물(Blocker): 지금 진행 중인 일에서 가장 막막하거나 두려운 것은? (위험 조기 공유)
- 지원 요청(Ask): 리더가 무엇을 결정해 주거나 도와주면 속도가 나겠는가? (구체 행동 요청)

성과 1on1: '일을 앞으로 밀어 주는 대화'

- 주기: 매주 20~30분(팀 규모가 크면 격주)
- 목적: 진행·병목·결정·우선순위 조정

- 연동: A1 Goal Sheet(정렬), A3 Decision Log(결정), A3 회의·실행 표준

성과 1on1 프로세스 예시(30분)

① 이번 주 Top 1 우선순위(5분)

② 막히는 지점 1개(10분)

　- 정리: 1on1에서 발견한 Blocker는 다음 주 Goal Sheet의 '의존관계(막힘)' 칸에 업데이트하라. 그래야 대화가 '좋은 대화'로 끝나지 않고, 목표와 우선순위를 실제로 바꾼다.

③ 결정이 필요한 사안 1개(5분)

④ 리더 지원 요청(5분)

⑤ 액션 확정(마무리 5분)

- 성과 1on1의 금지: "그냥 열심히 해.", "알아서 해."
- 성과 1on1의 핵심: '다음 행동이 무엇인지'가 남는가?

성장 1on1: '성과를 만드는 능력을 키우는 대화'

- 주기: 월 1회 45~60분(최소)
- 목적: 역량·커리어·역할 확장
- 연동: A4 축적(근거 축적), A5 인정·성장(인정), 리더의 코칭 루틴

re:Work는 코칭 대화에서 GROW 모델(Goal-Reality-Options-Will)을 제시한다. 이 모델을 성장 1on1 질문으로 바꾸면 이렇게 된다.

- Goal: "이번 분기에 무엇을 더 잘하고 싶나요?"
- Reality: "지금은 어떤 상태이고, 무엇이 가장 어렵나요?"
- Options: "가능한 선택지가 3개라면?"
- Will: "이번 주에 무엇을 실행할까요(작게)?"

관계 1on1: '말이 나오는 상태를 유지하는 대화'
- 주기: 분기 1회 30~45분(또는 성과 1on1에서 5분씩 포함)
- 목적: 신뢰, 갈등의 조기 감지, 심리적 안전감 점검
- 연동: A2 Working Agreement(협업 규칙), A5의 피드백·인정

관계 1on1은 '친해지기'가 목적이 아니다. 문제가 터지기 전에 말이 나오게 만드는 장치다.

5. 과거를 묻지 말고 미래를 설계하라: 피드백 vs 피드포워드

피드백이라는 단어는 '지적'으로 들리기 쉽다. 그래서 이 장에서는 과거를 평가하기보다, 다음 행동을 설계하는 '피드포워드(Feedfor-ward)' 관점으로 대화를 바꾸는 법을 다룬다.

피드백은 종종 두 극단으로 치우친다.

- 극단 A: 말이 너무 세다. → 관계가 깨진다.
- 극단 B: 말이 너무 둥글다. → 행동이 안 바뀐다.

이때 필요한 건 '더 부드럽게'가 아니라 더 구조적으로다.

피드백이 늦어지는 구조(핵심 3가지)

① 체면이 위협받는 순간, 대화는 방어로 바뀐다.

② 권력거리가 높을수록 '윗사람에게 말하기'가 어려워지고, 그 메커니즘은 권위에 대한 두려움이 매개한다.

③ 평가·인사와 연결되면 피드백은 '코칭'이 아니라 '판정'으로 들린다.

스퍼트나우 컨설팅 노트

피드백은 '지적'이 아니라 '거울'이다.

평가("태도가 그게 뭐야?")를 하지 마라. Fact(관찰)와 Impact(영향)만 말하라. 그러면 감정 싸움이 줄어든다.

예: "회의 때 핸드폰을 3번 봤다(Fact). 그때 발표자가 눈치를 보며 말이 끊겼다(Impact)."

그래서 이 책의 피드백은 '평가 언어'가 아니라 '성공 확률 언어', 즉 '피드포워드(미래 지향 제안)'로 설계한다.

Bad(과거형 피드백)	Good(미래형 피드포워드)
"지난번 보고서 왜 그렇게 썼어?"	"다음 보고서에는 두괄식 요약 3줄만 먼저 붙이면, 메시지가 훨씬 선명해질 것 같아요."
"회의 때 왜 말이 없었어?"	"다음 회의에서는 '결정해야 할 질문' 1개만 먼저 던져 주면, 의견을 더 빨리 모을 수 있을 것 같아요."

6. 체면 보존형 피드포워드 스크립트: Permission-Fact-Future

아래 스크립트는 '부드럽게 돌려 말하기'가 아니라, 상대의 방어를 낮추고, 행동을 바꾸는 언어다.

30초 피드백(실무형)

단계	예시(그대로 읽어도 되는 문장)
1. Permission(허락)	지금 2분만 피드백 드려도 괜찮을까요? 목적은 잘못을 찾는 게 아니라 성공 확률을 높이는 것이에요.
2. Fact(사실·관찰)	오늘 회의에서 A안이 논의될 때, OO 님이 두 번 말을 끊었고, "그건 말이 안 된다."라고 표현했어요.
3. Impact(영향)	그 뒤로 의견이 멈추고, 결정이 늦어졌어요. 다음 회의에서도 이 패턴이 반복되면 우리 속도가 떨어져요.
4. Future(요청·대안)	다음엔 반대하더라도, 먼저 "우리는 X다."처럼 쟁점을 한 문장으로 말해 주고 질문 형태로 던져 주는 건 어떨까요?
5. Commit(합의)	가능할까요? 혹시 어려움이 있을 때는 내가 옆에서 신호를 줄까요?

리더가 팀원에게 '상향 피드백'을 여는 질문 3개

re:Work는 1on1에서 리더가 직접 피드백을 요청하라고 권한다. 위계가 있거나 평가의 그림자가 큰 환경에서는 아래처럼 '선택지형 질문'이 효과적이다.

"내가 더 했으면 하는 것 하나만 말해 줄래요?"

"내가 덜 했으면 하는 것 하나만 말해 줄래요?"

"최근 2주 기준으로, 내가 놓친 리스크가 있었나요?"

- 팁: "불편한 얘기 해 줘."는 오히려 부담을 준다. 대신 '하나만', '최근 2주'처럼 범위를 좁혀야 말이 나온다.

방어가 올라왔을 때("제가 뭘 잘못했는데요?")

- "지금 방어적으로 들릴 수 있다는 거 알아요. 그래서 평가하려는 게 아니라, 우리가 일 잘하기 위한 규칙을 맞추려는 거예요."
- "내가 본 사실은 X고, 팀에 미친 영향은 Y였어요." (ASK로 이유, 상황 파악은 필요하다.)
- "앞으로는 Z로 바꿔 보자. 필요한 지원은 무엇일까요?"

7. 인정(Recognition)은 '칭찬'이 아니라 '강화 장치'다

A5 인정·성장에서 Recognition은 '기분 좋게 하기'가 아니다. 좋은 행동을 반복시키는 강화 장치다. 물론 '기여감'을 주는 동기 부여의 중요한 대화다.

Gallup과 Workhuman의 공동 리서치는 '인정(Recognition)'이 분위기 관리가 아니라 성과와 유지에 직접 연결되는 장치라는 점을 보여 준다.[8]

예를 들어, 인정받는 직원은 2년 후 이직(퇴사) 가능성이 45% 낮았다.[8] 동료에게서 가치 있는 피드백을 받는다고 강하게 동의하는 직원은 몰입할 가능성이 5배였다.[8]

이건 "칭찬을 많이 하라"가 아니다. 전략적 인정+의미 있는 피드백이 성과와 유지에 영향을 준다는 운영 신호다.

인정의 3원칙: 구체적·즉시·가치 연결

① 구체적: "고생했어"가 아니라 "무엇을, 어떻게 했는지"

② 즉시: 한 달 뒤가 아니라 행동 직후(가능하면 24시간 이내)

③ 가치 연결: 팀의 원칙·가치·고객 영향과 연결

인정 스크립트(20초)

- "오늘 회의에서 반대 의견을 내기 전에 우려를 쟁점으로 정리해 준 것, 정말 좋았어요."
- "덕분에 논의가 감정이 아니라 문제 해결로 갔고, 결정이 빨라졌어요."
- "그 방식, 우리 팀의 '존중하면서 솔직하게' 원칙에 딱 맞아요. 다음에도 그렇게 해 줘요."

인정의 대상은 '결과'만이 아니다. 말해줘서 고마운 행동(리스크 제기, 질문, 실수 공유)이 인정받을 때 심리적 안전감이 올라간다.

8. 시스템 브레이커(System Breaker): '성과는 높은데' 팀의 속도를 깨는 고성능 병목

매출은 1등인데 회의 분위기를 무너뜨리는 '김 차장'이 있다. 목적은 사람을 바꾸는 게 아니라, 시스템을 바꾸는 것이다. 단기 실적만 보면 영웅처럼 보이지만, 운영 관점에서는 팀의 속도를 갉아먹는 '고성능 병목'이다. 이 장에서 다루는 것은 개인 비난이 아니라 '비용 관리'다. 시스템 브레이커를 방치하면, 팀의 기준이 무너지고 결국 좋은 사람들이 지친다. 이들을 내치는 게 목적이 아니라, 이들의 에너지를 시스템 안으로 정렬시키는 게 목적이다.

이 책이 현실을 피하지 않겠다고 약속한 지점이 바로 여기다.

- 매출·성과는 압도적이다.
- 그러나 회의에서 타인의 기여를 축소하거나, 정보를 독점하거나, 합

의된 협업 규칙을 반복적으로 위반한다.

- 이 패턴이 반복되면 팀의 심리적 안전감이 낮아지고, 협업 품질과 유지율이 악화된다.

많은 조직이 이때 '성과가 있으니까'로 넘어간다. 하지만 연구는 정반대를 말한다.

Housman&Minor의 연구는 실제 인사 데이터(약 6만 명, 11개 기업)를 바탕으로 'toxic worker'라는 용어를 쓴다. 다만 '유해한 직원'이라는 표현은 한국 현장에서는 인격 비난처럼 들릴 수 있다. 그래서 이 책에서는 같은 현상을 '시스템 브레이커(System Breaker)'로 부르겠다. 시스템 브레이커란 나쁜 사람이 아니라, 조직이 합의한 운영 루틴(기준·리듬·기록)과 충돌하는 방식으로 일해 결과적으로 조직의 속도와 신뢰를 저하시키는 사람을 뜻한다.

Harvard Gazette는 이 연구를 소개하며, 조직 내 'toxic behavior(조직에 비용을 발생시키는 행동)'를 방치하는 비용이 우수 인재 채용의 효과보다 더 크게 나타날 수 있다고 요약한다. 핵심은 사람을 낙인찍는 것이 아니라, 합의된 운영 루틴을 반복적으로 위반하는 행동을 '운영 이슈'로 다루는 것이다.

결론은 명확하다.

'실적은 좋은데 운영 시스템이 무너진다'는 건 단지 불편한 문제가 아니라 재무적으로도 비싼 문제다.

운영 원칙 1: '행동 규칙'을 먼저 문서화하라(A2 약속과 연결)

감정 논쟁으로 가면 끝이 없다. 그래서 먼저 행동 기준(Non-negotiables)을 정한다.

예시(팀 Working Agreement에 포함)

- 인신공격·조롱·공개 망신 금지
- 정보 독점 금지(의도적 홀딩)
- 회의에서 말 끊기나 압박 금지
- 반대 의견은 '쟁점+대안' 형태로 제시
- 실수 공유는 처벌이 아니라 학습(단, 고의·반복 위반은 예외)

운영 원칙 2: '증거'로 다룬다(CFR Log가 여기서 빛난다)

시스템을 깨뜨리는 행동은 대개 이렇게 위장된다.

"그 사람은 원래 직설적이야."

"성과 내는 사람은 다 그래."

"예민한 사람이 문제야."

그래서 CFR Log가 필요하다. 사실·행동·영향을 누적하면, 이슈는 성격이 아니라 운영 이슈가 된다.

운영 원칙 3: 'Just Culture'로 다뤄라- 안전과 책임의 균형

Etsy의 John Allspaw는 'Just Culture'를 이렇게 설명한다.

"Just Culture는 안전과 책임의 균형을 만들려는 노력이다."

A5에서도 똑같다. 실수는 학습으로, 시스템 브레이커 행동은 책임으로 다뤄야 한다. 이 구분이 무너지면 조직은 두 가지 중 하나가 된다.

- 처벌 문화 → 침묵(cover-your-ass)
- 방임 문화 → 시스템 브레이커 행동이 표준이 됨

Allspaw는 '두려움이 있으면 필요한 디테일이 나오지 않아 같은 사고가 반복된다'는 취지로, '처벌에 대한 두려움 없이' 상세한 설명을 할 수 있어야 한다고 말한다.

피드백도 동일하다. 두려움이 아니라 명확한 기준+공정한 실행이 있어야 말이 나온다.

운영 원칙 4: '개선 계획'은 짧고, 기준은 명확하게

아래는 '성과는 뛰어나지만 운영 시스템을 지속적으로 깨뜨리는 사람(시스템 브레이커)'에게 적용하는 30일 운영 처방이다.

30일 행동 개선 플랜(예시)

- 오늘: 행동 기준 합의(문서), 구체 사례 2~3개 제시, 기대 행동 정의
- 7일: 1주 점검(사례 기반), 개선되면 즉시 인정(R)
- 14일: 동료 피드백 수집(익명·구조화), 반복 패턴 점검
- 30일: 유지 여부 결정(역할 조정, 프로젝트 변경, HR팀과 인사 조치 논의)
- 주의: "태도 좀 고쳐."라는 말은 기준이 아니다. '회의에서 말 끊지 않기, 반대는 쟁점+대안으로'처럼 관찰 가능한 행동만 다룬다.

대화 스크립트(실전형)

- "오늘 대화의 목적은 성과가 아니라 팀 운영 규칙이다."
- "최근 2주 동안 회의에서 A, B, C 행동이 있었고(사실), 그 결과,

D 영향이 있었다."

- "우리 팀의 합의 규칙은 E이다. 다음부터는 F 행동을 기대한다."
- "지원을 제공하겠다(코칭, 사전 리허설, 회의 운영 개선)."
- "OO 기간 동안 개선이 확인되지 않으면 역할 조정·프로젝트 제외를 포함해 결정을 하겠다."

현실 제압 스크립트 3종(회의실에서 바로 쓰는 문장)

상황	첫 문장(정중·단호)	추가 문장(필요시)
1) 회의 방해형 (논점을 흐리고 딴소리)	"OO 님, 지금 말씀은 '안건'인가요, 아니면 '우려'인가요?"	"우려는 제가 기록해 두겠습니다. 지금은 안건으로 돌아가겠습니다."
2) 기록 거부형 ("말로 하죠")	"말로 합의하면 3일 뒤에 기억이 달라집니다. 지금 30초만 적고 갑시다."	"Decision Log에 한 줄만 남기면 실행이 빨라집니다."
3) 독불장군형 (성과는 좋지만 규칙 위반)	"OO님의 성과는 인정합니다. 하지만 운영 규칙을 예외로 두는 순간, 팀의 기준이 무너집니다."	"오늘부터는 동일한 규칙으로 갑니다. 필요하면 역할, 범위를 조정하겠습니다."

9. A5 도입 체크리스트: 4주면 충분하다

마지막으로, 이 장을 '읽고 끝'이 아니라 '도입'으로 끝내기 위한 체크리스트다.

1주차: 루틴 깔기
- 팀원별 1on1 시간 고정(주, 격주)

- 공유 아젠다 문서 생성
- CFR Log 폼 생성(노션, 구글시트, 문서 어떤 것이든)

2주차: 피드백이 '발생'하게 만들기

- 리더가 먼저 상향 피드백 질문 3개 실행
- 30초 피드백 스크립트로 2회 실행(작게)

3주차: 인정이 '강화'가 되게 만들기

- '좋은 행동(과정)' 1개를 골라 팀 전체 앞에서 인정

Tip: 리모트·하이브리드 팀의 A5 Appreciate(인정·성장)

- 원격에서는 비언어적 신호가 줄어 오해가 커진다. 1on1은 더 짧게라도 (15~20분) 고정해 리듬을 만든다.
- 피드백은 텍스트 구조(Permission-Fact-Future)로 남겨 톤을 문장 구조로 관리한다.
- 인정은 공개·비공개 선호를 기록하고, 팀 채널에서 '주간 1회 Recognition' 루틴으로 고정한다.
- 리모트 참여자가 소외되지 않게, '원격 참석자 먼저 발언' 같은 운영 규칙을 A2에 포함한다.

- 개인별 선호(공개, 비공개) 파악

4주차: 운영으로 고정

- CFR Log를 보며 1달 누적 패턴 리뷰
- 반복 병목 1개를 A2(규칙) 또는 A3(회의, 결정)로 환류

이 장의 결론: A5는 '따뜻함'이 아니라 '재현성'이다

A5 인정·성장을 도입하면 리더는 '더 착해지려고' 노력하지 않아도 된다. 대신 이렇게 바뀐다.

- 말이 늦어지기 전에, 말이 나오게 된다.
- 피드백이 평가가 아니라, 성공 확률이 된다.
- 인정이 감정이 아니라, 팀의 행동을 설계하는 장치가 된다.

그리고 무엇보다 중요한 변화가 생긴다.

리더의 리더십이 '기분'에서 '운영'으로 이동한다. 그 순간부터 고성과와 몰입은 재현 가능해진다.

이럴 땐 이렇게(Troubleshooting): A5가 삐걱거릴 때, 리더가 즉시 할 3가지

상황 1) 1on1이 자꾸 취소되거나, 팀원이 "별일 없습니다."만 반복한다면?

처방: 1on1 시간을 '매주 같은 요일·같은 시간'으로 고정하고, 팀원이 들어오기 전 5분 동안 '자랑거리, 장애물, 지원 요청' 3가지를 반드시 적어 오게 하라. 미준비면 미팅을 시작하지 않는다.

상황 2) 피드백이 늘 '지적'으로 들리고 방어가 올라온다면?

처방: 피드백(Feedback) 대신 피드포워드(Feedforward)로 말하라. "왜 그랬어?" 가 아니라 "다음엔 이렇게 해 보자."로, 행동 1개만 구체적으로 제안하라.

상황 3) 시스템 브레이커 한 명 때문에 팀 분위기가 흔들린다면?

처방: 1on1 면담 후, 다음 팀 미팅에서 '공개적 기준 재설정(Public Reset)'을 하라. 특정인을 지목하지 말고 원칙만 다시 선언하라. 그 한 문장이 팀을 안심시킨다.

- 9장. A5 Appreciate(인정·성장): '대화·피드백·인정을 운영 루틴으로 자동화하라'에서 가장 중요한 것은 '운영의 기본값'을 바꾸는 것이다.
- 도구는 많아 보이지만, '한 장·한 회의·한 루틴'으로 쪼개면 실행 난이도가 급격히 낮아진다.
- 문서보다 리듬(캘린더)과 반복(루틴)이 먼저 붙어야 지속된다.

10분 자가 점검

- ☐ 정기 1on1이 캘린더에 고정되어 있고, 실제로 지켜집니까?
- ☐ 1on1에서 성과·성장·관계를 구분해 대화하고 있습니까?
- ☐ 피드백이 연말·사후가 아니라 수시로, 행동·사실·영향·요청 중심으로 이뤄집니까?
- ☐ 인정(Recognition)이 분위기 띄우기가 아니라 구체 행동, 성과 근거와 연결됩니까?
- ☐ 리더 루틴이 개인 역량이 아니라 템플릿과 리듬으로 재현 가능합니까?

확장과 유지 보수: 전사 운영 자동화는 '루프'로 굴러간다

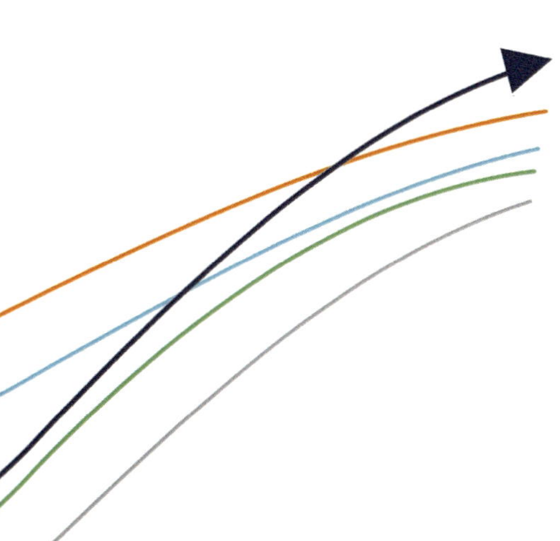

Loop: 주간-분기-연간 리듬을 설계하면 조직이 흔들리지 않는다

조직은 '의지'로 굴러가지 않는다. 리듬(Operating Rhythm)으로 굴러간다. 리듬이 있으면 결정이 빨라지고, 리듬이 없으면 회의가 늘고, 리듬이 부서지면 조직 개편은 정치가 된다.

"왜 우리는 늘 분기 말에만 '조직'이 되는가?"

연초에는 거창한 말이 등장한다.

"올해는 실행의 해다."

"우리는 이제 민첩해질 겁니다."

"성과 중심으로 갑니다."

그런데 조직은 그다음 날부터 다시 원래대로 돌아간다.

- 월요일 아침: '이번 주 우선순위'가 사람마다 다르다.
- 수요일 오후: 회의는 많은데 결정은 없다.
- 금요일 저녁: "왜 아직도 이게 안 됐지?"가 터진다.
- 분기 말: 갑자기 전사 '정렬'이 시작된다(= 밤샘 보고, 정리, 수습).
- 연말: 평가·조직 개편·예산이 뒤엉키며 '운영'이 멈춘다.

여기서 중요한 관찰이 하나 있다.

문제는 '일의 양'이 아니라, '리듬의 부재'다. 리듬이 없으면 조직은 매주 리셋되고, 매 분기 패닉하며, 매년 구조조정으로 기억을 잃는다.

McKinsey는 CEO 체크리스트에서 "효과적인 연간 운영 리듬과 비즈니스 리뷰 cadence가 실행을 이끌고 돌발 변수(surprises)를 최소화하는가?"를 중요한 질문으로 제시한다. 그리고 같은 글에서 실제 CEO의 말을 이렇게 소개한다.

> "사람들이 조직에 일정한 리듬이 있다는 것을 알게 되면, 더 효율적으로 일할 수 있게 된다."

이 장은 그 문장을 '현장 운영 언어'로 바꾼다. 전사 운영 자동화가 '루프'로 굴러가게 만드는 설계를 제공한다.

1. Loop의 정의: '회의 캘린더'가 아니라 '학습 캘린더'다

많은 회사가 리듬을 이렇게 착각한다.

'회의를 정기적으로 하면 리듬이 생긴다'.

하지만 실제로는 반대다. 리듬이 없는 조직은 회의가 늘어난다. 회의가 늘어나면 몰입 시간이 사라진다.

HBR은 회의 과부하가 스트레스·피로를 만들고, 생산성과 품질이 떨어지며, '방해 없는 몰입 작업 시간(heads-down work time)'을 잃는다고 지적한다. 또한 Harvard Business School의 연구 기반 글에서는 '가장 생산적인 직원은 회의가 더 적고, 딥워크 시간을 달력에서 보호한다'는 취지의 조언을 분명히 한다.

그러면 Loop는 무엇인가?

Loop는 '정렬 → 실행 → 리뷰·학습'으로 이어지는 '결정-실행-학습'의 최소 주기다. 회의가 목적이 아니라, 결정과 학습이 목적이다.

그리고 Loop는 3개로 설계해야 한다.

- 주간 루프: 팀이 흔들리지 않게(정렬 → 실행 → 리뷰)
- 분기 루프: 시스템을 개선하게(도입 → 운영 → 개선)
- 연간 루프: 성과와 학습이 끊기지 않게(연초-반기-연말 캘린더)

2. 주간 루프: 정렬 → 실행 → 리뷰(학습)

주간 루프는 '바쁘게 움직이기'가 아니라 흔들림을 제거하는 장치다. A1~A5를 도입한 팀이라면, 주간 루프는 이렇게 단순해야 한다.

주간 루프의 3원칙

① 이번 주 Top 3만 남긴다(나머지는 '보류'가 아니라 '명확한 제외').

② 결정은 기록으로 남긴다(Decision Log로 연결).

③ 학습은 증거로 남긴다(Performance Sheet로 연결).

템플릿: Weekly Loop 30: '30분 운영 리듬' 스크립트

구간	운영 스크립트
0-5분 정렬 (Align)	• 이번 주 Top 3 우선순위(업무명 아니라 '결과 형태') • 서로의 의존·막힘 1개씩 체크
5-20분 실행 (Act)	• 막히는 지점(Obstacle) Top 3만 다룬다 • 이 자리에서 결정 가능한 것은 즉시 결정(Decision Log 링크)
20-28분 리뷰 (Review/Archive)	• 이번 주 '증거(Evidence) 1개씩' 공유 • 숫자, 고객 피드백, 산출물 링크 중 하나면 충분
28-30분 인정 (Appreciate)	• '반복되길 바라는 행동' 1개만 구체적으로 인정 (A5 CFR Log로 연결) • 주간 루프가 무너지면, 팀은 금요일에 '보고'를 만들고, 월요일에 다시 '정렬'을 시작한다. 주간 루프가 살아 있으면, 금요일은 '증거'로 끝나고, 월요일은 '다음 실행'으로 시작한다.

주간 루프에서 반드시 보는 4개 신호(Flow Metrics)

Kanban Guide는 최소 흐름 지표로 WIP, Throughput, Work

Item Age, Cycle Time을 제시한다. 그리고 "WIP 통제는 풀(pull) 시스템을 만든다"고 설명한다.

이걸 현장 운영으로 번역하면 이렇게 된다.

- WIP(진행 중인 일, Work In Progress): 시작만 하고 끝내지 못한 일이 얼마나 많은가?
- Throughput(완료량): 이번 주 실제로 완료된 일은 몇 개인가?
- Age(묵은 일): 오래 붙잡고 있는 일이 무엇인가?
- Cycle Time(리드타임): 시작 → 완료까지 평균 시간이 얼마나 걸리는가?

주간 루프의 목적은 '시작'이 아니라 '완료'의 안정화다. 시작만 늘면 조직은 늘 바쁜데, 성과는 불안정해진다.

3. 분기 루프: 도입 → 운영 → 개선(버전 관리)

팀 운영 자동화가 '한 팀'에서 끝나면, 회사는 팀마다 방식이 달라져 규모에서 흔들린다. 그래서 전사 운영 자동화는 반드시 분기 루프가 필요하다.

분기 루프의 역할: '전사 운영 체계의 버전 관리'

분기는 조직이 바뀌는 단위다.

전략이 조정되고, 우선순위가 바뀌고, 인력·예산이 움직이며, 조직

개편이 생기는 경우도 있다

이때 분기 루프가 없으면 조직은 다음 중 하나로 무너진다.

- 버전이 없는 조직: 매 분기 같은 문제를 반복
- 버전 폭주 조직: 매 분기 새로운 제도를 도입했다가 폐기

McKinsey는 QBR(Quarterly Business Review)이 "전략 방향을 애자일 단위와 팀 백로그에 연결하는 핵심이 될 수 있고, 수직·수평 정렬에 큰 가치를 만든다"고 설명한다.

이 책의 분기 루프는 'QBR'이라는 이름이 없어도 작동한다. 핵심은 하나다.

분기마다 '우선순위'와 '의존성'을 재정렬하고, 운영 체계를 개선한다.

템플릿: Quarterly Loop Half-Day: '반나절 분기 루프' 운영안

세션	내용
1) Truth(60분)- '칭찬'이 아니라 '현실'	• 목표·성과·고객 신호를 '증거 중심'으로 공유 (Performance Sheet 기반) • 잘된 것 3개, 안된 것 3개(각각 근거 포함)
2) Dependency Market(60분)- 의존성을 '거래'한다	• 부서 간 의존성 10개를 테이블에 올리고, • '누가, 무엇을, 언제까지, 성공 기준'을 합의한다 (Decision Log)
3) Portfolio WIP Reset(45분)- 동시에 하는 일을 줄인다	• 이번 분기 전사 Top Initiative를 '감당 가능한 수'로 제한 • 신규 시작 조건(Stop/Start Gate) 확정
4) OS Patch Notes(30분)- 운영 체계를 버전업 한다	• 바꿀 것 3개, 유지할 것 3개, 없앨 것 3개 • 다음 분기 테스트할 '운영 실험 1개' 선택
5) Close(15분)	• 다음 분기 '우선순위 1페이지' 공표(전사 공유)

OS Patch Notes(1페이지)

- 이번 분기 무엇이 바뀌었나(회의, 결정, 문서, 권한)?
- 왜 바꾸나(고장 지점 1개, 증거 1개)?
- 어떻게 적용하나(적용 팀, 시작일, 예외 조건)?
- 무엇을 없애나(제거 리스트)?
- 성공 신호는 무엇인가(측정 2개만)?
- 분기 루프가 '보고 행사'가 되면, 조직은 매 분기 에너지를 소모한다. 분기 루프가 '개선 노트(변경 기록)'가 되면, 조직은 매 분기 더 단단해진다.

4. 연간 루프: 연초-반기-연말(성과와 학습이 끊기지 않는 캘린더)

연간 루프는 계획을 '세우는' 장치가 아니다. 연간 루프는 성과와 학습이 끊기지 않게 하는 장치다.

McKinsey의 CEO 체크리스트는 개인 효율성 영역에서 'Time and energy'를 스스로 점검하라고 묻는다.[6]

어떤 리듬을 가지고 시간을 관리하는지, 회의를 최대 임팩트로 재설계할 수 있는지 같은 질문을 던진다.

그리고 CEO 체크리스트에서는 많은 고성과 CEO들이 주간(비공식) 체크인, 월간(더 공식적인) 미팅, 연간(멀티데이 오프사이트) 같은 운영 리듬을 가진다고 소개한다.[6]

이 책은 이를 현장에 맞춰 이렇게 설계한다.

연간 루프의 3구간 설계

연초: '방향과 선택'의 시즌

- 올해의 3대 선택(무엇을 강하게 할 것, 무엇을 하지 않을 것)
- 전사 포트폴리오 WIP 한도 확정
- 운영 체계 기본값 확정(회의, 결정, 문서 표준)

반기: '현실 리셋'의 시즌

- 상반기 성과·학습(증거 기반)
- 우선순위 재정렬(포트폴리오 조정)
- 리소스 재배치(인력, 예산, 의존성)

연말: '학습을 자산화'하는 시즌

- 올해의 성공 패턴 5개, 실패 패턴 5개
- 내년 OS 개선 후보 3개 도출
- 조직 개편이 필요하면 '운영 문제'로 정의하고 설계(아래 6절)

연간 캘린더를 '운영'으로 만드는 2가지 고정 규칙

- 규칙 A: 딥워크 시간은 '개인 선호'가 아니라 '조직 정책'이다 회의 과부하에 대해, 연구 기반 글은 생산적 직원이 회의를 덜 하고, 딥워크 시간을 보호한다고 말한다. 따라서, 연간 캘린더에 전사 몰입 블록(예: 화/목 오전) 같은 고정값이 있어야 한다.
- 규칙 B: 회의는 늘리기 전에 '결정권'과 '참석자'를 줄여라.[5] McKinsey는 의사결정 속도와 품질을 높이려면 1) 누가 vote(결정)이고 누가 voice(인풋)인지 역할을 명확히 하고, 2) 서면 업데

이트로 대체 가능한 회의는 제거하며, 3) 남는 회의에는 짧은 사전 자료(pre-read)를 준비하라고 권한다.

연간 루프는 '행사'가 아니라 결정 시스템의 생산성을 만드는 것이다.

5. 동시에 하는 일을 줄이는 운영: 우선순위, 포트폴리오

전사 운영 자동화에서 가장 강력한 한 방은 여기다.

동시에 하는 일을 줄이면, 몰입이 올라가고 납기가 안정된다.

이게 감이 아니라 '시스템 법칙'에 가깝다는 걸 보여 주는 대표 도구가 리틀의 법칙(Little's Law)이다.

컬럼비아대학교 Karl Sigman의 Little's Law의 핵심은, '조직 안에 동시에 쌓여 있는 일이 많아질수록, 하나의 일이 끝나는 데 걸리는 시간은 길어진다'는 것이다.

이걸 조직에 적용하면 다음이 된다.

평균 진행 중인 일(WIP)이 많아질수록, 동일한 처리량(Throughput)에서는 평균 리드타임(완료까지 시간)이 길어진다. 즉, WIP(진행 중인 일, Work In Progress)를 줄이지 않으면 리드타임은 줄지 않는다.

예시: 포트폴리오 WIP가 리드타임을 만드는 방식

우리 조직이 한 달에 완료할 수 있는 핵심 이니셔티브 처리량이 5개라고 하자(Throughput= 5).

그런데 동시에 진행하는 이니셔티브(WIP)가 20개라면, 평균 완료까지 걸리는 시간은 대략 20/5= 4개월로 늘어난다(단순화된 직관).

이때 조직이 하는 실수는 보통 이렇다.

"더 빨리 하라", "야근으로 밀어붙이자", "회의를 늘려 정렬하자".

하지만 시스템 관점에서는, 더 근본적인 처방이 있다.

WIP를 줄이는 것이다. 그러면 '기다림'이 줄고, 결정이 빨라지고, 납기가 안정된다.

필자도 프로젝트 PM을 진행하는 동안 WIP 관리가 되지 않을 때, 생각보다 많은 일들이 지연 또는 장애로 멈춘 것을 자주 목도했다. 트래픽을 뚫어 주는 것도 중요한 포인트다.

'프로젝트 과부하'를 공식적으로 끝내는 원칙 3개

원칙 ① 포트폴리오에도 WIP(진행 중인 일, Work In Progress) 한도가 있어야 한다.

HBR은 "프로젝트 과부하(project overload)가 실행을 느리게 하고 전략 우선순위를 흐린다"고 말하며, 중단(stopping)을 실패가 아니라 리더십으로 취급하는 문화 전환을 강조한다.

원칙 ② 한 사람에게 '5개 초과'는 시스템적으로 위험하다.

McKinsey는 한 사람에게 5개 초과 이니셔티브를 맡기면 지연과 가치 누수가 커지고, 10개를 맡기면 5개 대비 추가 20일 지연, 가치 누수 40% 증가를 보고한다.[7]

원칙 ③ '멈추는 회의'를 정례화해야 한다.

시작은 회의 없이도 된다. 하지만 '중단'은 회의 없이는 거의 일어나지 않는다.

스크립트: Stop Meeting 45, '중단을 운영으로 만드는 45분'

- 10분: 이번 분기 전사 이니셔티브 목록(20개 이하) 화면 공유
- 15분: 각 이니셔티브를 3분류로 나눈다.

   - Continue(계속), Pause(일시 중단), Stop(중단)
- 15분: Pause·Stop의 자원(인력, 예산, 시간)을 'Top 3'로 재배치한다.
- 5분: 공지 문장 확정(아래 템플릿)

공지 템플릿(짧게)

- "우리는 이번 분기에 A, B, C에 집중한다."
- "따라서 D, E는 (중단·일시 중단)한다."
- "이 결정의 목적은 속도와 품질을 높이기 위한 WIP 통제다."

Portfolio Board(텍스트 버전)

- Backlog: 아이디어·요청(아직 시작 금지)
- Committed (WIP ≤ N): 이번 분기에 '진짜로' 할 일(전사 Top)
- Executing: 실행 중(주간 루프에서 흐름 지표 관리)
- Done: 완료(증거·학습을 A4 축적으로 이동)

PMI는 린 포트폴리오를 통해 '우선순위에 집중하고 가치 vs 비용을 더 명확히 볼 수 있다'는 취지로 설명한다.

6. 조직 개편을 정치가 아니라 운영으로 바꾸는 최소 원칙

조직 개편이 신중해야 하는 이유는 '구조를 바꿔서'가 아니다. 리듬을 끊어 버리기 때문이다. 조직 개편이 반드시 필요할 때가 있다. 하지만 문제는 많은 조직에서 역기능이 될 수도 있다.

- 성과가 안 나오면 '구조'를 바꾼다.
- 책임이 불명확하면 '라인'을 바꾼다.
- 갈등이 생기면 '사람'을 옮긴다.

그 결과? 구조는 바뀌는데, 병목은 그대로 남는다. 그리고 '정치'가 될 수 있다.

HBR은 조직 개편 상황에서 많은 리더들이 공통적으로 두 가지 커뮤니케이션 함정에 빠진다고 지적한다.

첫 번째는 '기다려 보자(wait and see)'는 태도다. 아직 결정되지 않았다는 이유로, 혹은 말을 잘못 꺼냈다가 책임을 질까 봐 리더가 침묵을 선택하는 경우다. 하지만 위계가 분명하고 평가와 소문이 빠르게 퍼지는 조직에서는, 리더의 침묵이 곧 공백을 만든다. 이 공백은 곧바로 추측과 루머로 채워지고, 루머는 실제 운영을 잠식한다. 결과적으로 사람들은 공식 메시지가 아니라, 가장 불안한 이야기를 기준으로 움직이게 된다.

두 번째는 '상아탑식 이상론(ivory-tower idealism)'이다. 리더가 방향성과 명분, 아름다운 미래만 설명하고, 현장에서 실제로 바뀌는 역할, 평가 기준, 업무 부담에는 답하지 않는 경우다. 이때 구성원들은 메시지를 이해하지 못해서가 아니라, 자신의 현실과 연결되지 않는다고 느끼기 때문에 냉소하게 반응한다. 이상적인 말은 남지만, 실무에서는 '현실을 모르는 이야기'로 해석된다. 필자가 OKR컨설팅을 진행할 때 답답한 부분은 조직과 연결된 팀의 OKR이 '크게 담대하게'라는 OKR 관련 책의 내용만 차용하여 Objective는 크고 담대하지만, Key Result 결과물과의 연관성이 부족하고, 필요충분조건을 이루지 못하는 경우다. 조직은 크고 담대한 OKR이지만, 그것이 성취되기 위해서는 수직·수평 연결된 하위 조직의 OKR은 구체적인 전략, 방법, 수단을 통한 아웃풋과 기대하는 모습이 체계적으로 정리될 필요가 있다. OKR클리닉 워크숍 요청이 있는 경우, 대개 이 부분이 수정 대상이었다.

조직 개편을 위한 질문

3문장

- "왜 지금 바꾸는가(병목 1개)?"
- "무엇이 바뀌는가(3개 이하)?"
- "무엇은 바뀌지 않는가(2개 고정)?"

3답변(구성원이 가장 궁금해하는 것)

- "내 일, 내 상사, 내 평가에 무엇이 달라지나?"
- "오늘부터 무엇을 하면 되나?"
- 질문은 어디로 하면 되나(채널, 시간, 담당)?

메시지는 '멋진 비전'보다 '운영의 불확실성 제거'가 먼저다.

7. 루프가 살아 있는지 확인하는 '전사 자동화 대시보드(최소형)'

루프는 감으로 운영하면 무조건 무너진다. 다만 KPI나 OKR을 과하게 만들 필요도 없다. 아래 7개면 충분하다.

① 결정 속도(결정 리드타임: 의제 → 결정까지 평균)

② 회의 시간 중 저가치 비율(삭제 가능한 회의 시간)

③ 전사 Portfolio WIP(동시 이니셔티브 수)

④ 팀 WIP(팀 단위 진행 중 업무 수)

⑤ Throughput(완료량)

⑥ 재작업률(되돌림·재승인·재보고 비율)

⑦ 학습 축적률(분기별 Post-Mortem/Performance Sheet 생성·재사용)

McKinsey 사례처럼, 결정권 명확화+불필요 참석자 축소+리듬 정렬만으로도 결정 속도와 회의 효율이 크게 좋아질 수 있다는 점을 조직에 '증거'로 보여 줄 수 있다.

8. 흔히 망하는 패턴 4가지와 복구법

패턴 ① 루프가 '정례회의'로 변질된다.
- 복구: '결정, 학습, 개선 노트' 산출물이 없으면 회의 취소

패턴 ② 분기 루프가 보고 행사가 된다.

- 복구: 'Truth(현실) 60분'을 증거 기반으로 고정하고, 의존성 거래를 반드시 포함

패턴 ③ 연간 계획이 두꺼운 PPT로 끝난다.

- 복구: 1페이지 운영 체계(우선순위, 리듬, WIP 한도)만 공식 문서로 인정

패턴 ④ '중단'이 일어나지 않는다.

- 복구: Stop Meeting을 분기 첫 주에 캘린더 고정

<table>
<tr><td align="center">핵심 정리</td></tr>
<tr><td>

- 전사 운영 자동화는 '좋은 제도'가 아니라 지속 가능한 리듬(Loop)으로 유지된다.
- 주간 루프는 정렬 → 실행 → 리뷰(학습)를 30분으로 고정한다.
- 분기 루프는 도입→ 운영 → 개선(버전 관리)로 OS를 패치 한다.
- 연간 루프는 성과와 학습이 끊기지 않도록 캘린더 자체를 운영 시스템으로 만든다.
- '동시에 하는 일'을 줄이는 것(WIP 통제)이 몰입과 납기를 안정시키는 가장 강력한 레버다.

</td></tr>
</table>

10분 자가 점검

□ 주간 루프(정렬 → 실행 → 리뷰)가 고정되어 있고, 산출물(결정, 학습, 개선 노트)이 남습니까?

□ 분기 루프에서 OS를 버전업 하는 '패치 노트'가 남습니까?

□ 연간 캘린더에서 연초·반기·연말의 의사결정과 리뷰가 '운영 시스템'으로 고정되어 있습니까?

□ 동시에 하는 일(WIP)을 줄이기 위한 공식 메커니즘(Stop Meeting, 우선순위 회의)이 있습니까?

□ 루프가 깨질 때의 최소 복구 규칙(무엇을 반드시 되살릴지)이 정해져 있습니까?

U-D-E 90: 90일에 운영 체계를
도입하고 정착시키는 실행 로드맵

<u>OS는 '좋은 문서'로 도입되지 않는다. 리듬(캘린더)과 반복물(템플 릿)과 행동(루틴)으로 도입된다. 90일은 변화를 완성하는 시간이 아니라, 되돌릴 수 없는 '기본값'을 만드는 시간이다.</u>

좋은 OKR/KPI를 '세우는 것'만으로는 부족하다. 도전적인 목표가 실제 성과로 이어지려면, 목표-결정-진척-피드백이 끊기지 않게 연결되는 운영 프로세스가 먼저 기본값으로 깔려 있어야 한다.

"우린 다 만들었는데… 왜 안 굴러가죠?"
조직 컨설팅이나 교육 현장에서 가장 자주 듣는 문장이다.
"템플릿도 만들었고, 운영 원칙도 정했는데… 현장은 다시 원래대로 에요."

"회의는 바뀐 것 같은데, 결정이 여전히 늦어요."

"문서는 쌓이는데, 일이 빨라지진 않아요."

이 상황을 한 문장으로 정리하면 이렇다.

문서(설계)는 있지만, 루프(운영)가 없다. 또는 루프를 만들었지만, 리더 루틴(A5)이 고정되지 않았다.

그래서 이 장은 "어떻게 하면 잘할까?"가 아니라, 더 단단한 질문에 답한다.

어떻게 하면 '무조건 굴러가게' 만들까? (사람이 바뀌어도, 바빠도, 위기가 와도)

그 실행 경로가 U-D-E 90이다.

이미 많은 조직이 1on1, 수시 피드백, WIP 제한, 협업 툴을 활용해 민첩하게 일하는 방식을 만들어 가고 있다. 이 장은 '없던 걸 새로 만드는 법'이 아니라, 이미 하고 있는 좋은 실천을 연결하고, 캘린더에 고정해, 사람에 따라 흔들리지 않는 기본값으로 만드는 방법을 다룬다.

U-D-E의 U(Understand)는 '이해와 공감대'(왜, 무엇을 맞추기), D(Do)는 '실행과 반복'(작게 돌려 몸에 익히기), E(Embed)는 '제도화와 확산'(조직에 녹여 기본값으로 만들기)이다.

1. U-D-E 90의 철학: 변화는 이벤트가 아니라 '도입'이다

많은 조직이 변화를 '캠페인'처럼 한다. 슬로건이 생기고, 교육이 열리고, 포스터가 붙는다. 그러나 운영이 바뀌지 않으면 조직은 반드시 원점으로 돌아간다.

Kotter는 변화가 지속되려면 사람들의 행동과 시스템이 함께 움직여야 하며, 이를 위해 긴박감(urgency)을 만들고, 변화를 이끌 연합(coalition)을 세우고, 명확한 비전을 만들고, 자발적 참여를 이끌어야 한다는 8단계 프레임을 제시한다.

이 책의 번역은 단순하다.

- 긴박감 → 혼란의 신호를 확인한다(Understand).
- 연합 → 운영 체계 책임자+파일럿 팀을 세운다(Understand).
- 비전 → 한 장 OS 지도+90일 설계도를 만든다(Understand).
- 자발적 참여 → 작게 도입해 '체감 성과'를 만든다(Do).
- 지속 → 리더 루틴과 확산 구조로 기본값을 고정한다(Embed).

즉, U-D-E 90은 '이론'이 아니라 도입 공정이다.

2. U-D-E 90 한 장 지도(이 장의 요약)

0-2주 Understand

혼란을 '기분'이 아니라 측정 가능한 언어로 정리한다.

- 무엇이 병목인지(결정, 우선순위, 협업, 기록, 피드백)
- 어디에 먼저 장치를 도입할지('첫 장치 1개')
- 성공을 무엇으로 볼지(지표 5개 이내)

3-8주 Do

A1~A4를 도입하고, 주간 루프로 돌린다.

- A1 정렬(정렬) → A2 약속(협업 규칙) → A3 결정·실행(회의·결정·실행) → A4 축적(성과·학습 축적)
- 매주 '정렬-실행-리뷰'를 캘린더 고정으로 반복

9-12주 Embed

A5(리더 루틴)로 굳히고, 확산 구조를 만든다.

- CFR Log+1on1 운영 기본값 고정
- 운영 체계 책임자·추진 담당자·개선 노트(버전 관리)로 유지 보수 시스템 구축

필자도 현장 컨설팅에서 1분기를 중요하게 생각하고 몰입한다. 제대로 Understanding이 되면, Doing이 쉬워진다. U-D-E는 90일 분기 관점도 있지만, 조직 정착 관점으로는 1사분기를 이해(Understand) 단계, 2사분기 이후 실행(Do) 습관화, 3사분기 이후 확산(Embed)과 정착으로 생각할 수 있다.

3. 도입 전 준비: Day 0 전에 꼭 정해야 하는 5가지

90일 실행이 망하는 1순위 이유는 '의지가 약해서'가 아니다. 준비물이 없어서다.

물론 조직의 상황과 맥락에 따라 참고 및 적용을 달리할 수 있다.

준비 1: 스폰서(결정권자) 1명

- '우선순위 제한(Stop)'과 '회의 구조 변경'을 승인할 수 있어야 한다.
- 스폰서가 없으면 OS는 '좋은 제안서'로 끝난다.

준비 2: 운영 체계 책임자 1명(운영 책임자)

- HR, PMO, 전략기획, COO 오피스 등 어느 조직이든 가능하다.
- 중요한 건 직무가 아니라 책임이다.

  - 템플릿 배포가 아니라 루프가 돌게 만든다.

  - 분기마다 '개선 노트'를 만든다.
- 추천: 준비 2.5) APC(Automation Playing Coach) 1명: '문서'를 배포하는 사람보다, '루프'를 굴리게 만드는 사람이 먼저 필요하다.

APC의 역할(초기 3개월~2년, 조직 상황에 따라 조정)

- 주간 루프(정렬-실행-리뷰) 진행·기록을 '대신'이 아니라 '함께'하며 팀이 자립하도록 코칭
- 템플릿(Goal Sheet, Decision Log, Performance Sheet, CFR Log)을 '작성'이 아니라 '의사결정·실행'에 연결되게 습관화
- WIP 한도·의존성·결정권 같은 '운영 병목'을 드러내고, 스폰서와 함께 제거
- 액션 아이템(담당자, 기한, 점검일) 추적 체계를 만들어 '좋은 회의' 가 아니라 '완료'를 남김
- 9-12주차에 A5(리더 루틴)가 빠지지 않도록 1on1·피드백 루틴을 캘린더 기본값으로 고정
- 중요: APC는 '대행자'가 아니라 '운영 코치'다. APC가 빠져도 루

프가 도는 상태(자립)가 목표이며, 그렇지 않으면 '의존'이 생겨 다시 캠페인으로 돌아간다.

준비 3: 파일럿 스코프(팀 1~2개)

- 전사 적용을 처음부터 하면 실패 확률이 급격히 올라간다.
- 파일럿에서 '작동 증거'를 만들고 확산한다.

준비 4: 지원 소스

- Goal Sheet, Decision Log, Performance Sheet, CFR Log… 지원 도구가 있다.
- 운영 체계에 도움이 되는 것이라면 무엇이든 가능하다.

준비 5: 캘린더 락(Calendar Lock)

- 루프는 '시간이 남으면' 하는 것이 아니다.
- 먼저 고정하고, 나머지를 그사이에 배치해야 한다.
- 이걸 하지 않으면 90일은 문서 생산 프로젝트가 된다.

4. 0-2주 Understand: 혼란을 '같은 언어'로 정리해 공감대를 만든다

Understand 단계의 핵심은 '원인 분석'이 아니라 도입 순서 결정이다. 0-2주 안에 해야 할 일은 단 3개다.

① 혼란을 '팀이 납득하는 언어'로 보이게 만든다.

② 첫 장치 1개를 고른다.

③ 90일 운영 캘린더를 고정한다.

혼란을 '5개 고장 신호(지표)'로 확인하라

처음부터 KPI를 크게 만들 필요 없다. 하지만 '느낌'만으로는 절대 지속되지 않는다.

권장 5개(전사·본부·팀 공통으로 가장 효과가 큰 조합)

- 결정 리드타임: 의제가 올라온 날 → 결정된 날
- WIP(동시 진행 수): 지금 진행 중인 핵심 과제·이니셔티브 수
- 주간 완료량(Throughput): 이번 주 끝난 건 몇 개인가?
- 재작업률: 반려·수정·되돌림 횟수
- 저가치 회의 시간: 공유만으로 충분했는데 모였던 시간

특히 WIP와 흐름 지표는 팀이 '바쁜데 성과가 없는 상태'를 매우 빠르게 드러낸다. Kanban Guide는 기본 흐름 지표로 WIP, Throughput, Work Item Age, Cycle Time을 제시한다.

중요한 해석 '시작한 일'이 늘면 조직은 바빠 보이지만, '완료한 일'이 늘지 않으면 조직은 점점 느려진다.

첫 장치 1개를 고르는 규칙: '가장 아픈 곳'이 아니라 '가장 빨리 고쳐지는 곳'

이 책에서 가장 강력한 실행 원칙은 이것이다. 첫 장치 1개만 도입하라. (그리고 2주 안에 '체감'을 만들어라.)

첫 장치 선택 규칙(우선순위)

- A1 정렬이 흔들리면 → A1부터

우선순위가 매일 바뀌고, "지금 뭐가 1순위?"가 반복된다면,

① 협업이 감정·관계로 흔들리면 → A2 약속부터

② 회의가 많은데 결정·실행이 안 남으면 → A3 결정·실행부터

③ 같은 실수·재작업이 반복되면 → A4 축적부터

대부분의 조직은 A1 또는 A3부터 시작하면 체감이 빠르다.

90일 캘린더를 '먼저' 고정하라

McKinsey는 CEO 체크리스트에서 "효과적인 연간 운영 리듬과 비즈니스 리뷰 cadence가 실행을 이끌고 돌발을 최소화하는가?"를 중요한 질문으로 제시한다. 이 문장을 실무로 번역하면, "운영 리듬이 없다면 실행은 계속 흔들린다"는 뜻이다.

0-2주 안에 고정해야 할 캘린더 3개

- 주간 루프(30분)
- 파일럿 운영 회의(주 1회 45분)
- 90일 회고·확산 의사결정 회의(12주차, 90분)

실전 박스: Day 0 공지문 스크립트: '사람이 아니라 혼란을 자동화한다'

아래 메시지는 평가·감사·관리 강화로 오해되기 쉬운 환경에서 특히 중요하다. 그런 오해가 생기면 실패하기 때문이다.

스폰서 60초 메시지(예시)

- "우리는 사람을 바꾸는 프로젝트를 하는 게 아닙니다."
- "우리의 목표는 혼란을 줄이는 운영 체계를 도입하는 겁니다."
- "그래서 문서를 더 만들지 않고, 회의·결정·기록·대화가 자동으로 연결되게 바꾸겠습니다."
- "90일 동안 파일럿으로 작동 증거를 만들고, 그다음 확산 여부를 결정하겠습니다."

5. 3-8주 Do: A1~A4 도입·적용+주간 루틴으로 돌림

Do 단계는 '교육'이 아니라 운영의 습관화다. 여기서 할 일은 딱 하나다.

매주 루프를 끊기지 않게 돌린다. 템플릿이 아니라 캘린더가 OS의 뼈대다.

3-8주 주차별 도입·정착 로드맵(가장 현실적인 기본형)

아래는 '팀 1~2개 파일럿' 기준으로 가장 안정적인 순서다.

주차	도입 목표	필수 산출물(반복물)	'작동 증거'
3주차	A1 정렬	Goal Sheet 1장+주간 정렬 30분	'이번 주 Top 3'가 팀원 모두 동일
4주차	A2 약속	Working Agreement 1장 +Comms Doc(협업 1건)	오해·재확인 메시지 감소

주차	도입 목표	필수 산출물(반복물)	'작동 증거'
5주차	A3 결정·실행	Meeting OS+Decision Log	회의 끝에 결정·액션이 남음
6주차	A4 축적	Performance Sheet+Post-Mortem 트리거	성과가 '증거'로 남기 시작
7주차	통합/정리	문서 길 정리(저장소, 링크)	'찾는 시간'이 줄어듦
8주차	안정화	WIP 제한+Stop 회의 1회	동시 진행 수가 줄고 완료가 늘어남

Do 단계의 '성공 기준': 동시에 하는 일(WIP)을 줄이면, 리드타임은 따라온다

왜 A1~A4를 도입하면 빨라지는가? 핵심은 동시에 하는 일을 줄여 '기다림'을 줄이기 때문이다.

리틀의 법칙(Little's Law)은 흐름을 다룰 때 자주 쓰는 아주 단순한 직관을 준다. 동시에 쌓여 있는 일이 많아질수록(WIP가 커질수록), 같은 속도로 일하더라도 각 일이 끝나는 데 걸리는 시간(리드타임)은 길어진다.

WIP(진행 중인 일)가 커지면, 처리량이 같을 때 평균 완료까지 걸리는 시간은 길어진다.

그래서 Do 단계의 실무 처방은 매우 단순하다.

새 일 1개를 시작하려면, 진행 중인 일 1개를 끝내거나 멈춘다. '시작'을 통제하지 못하면 '완료'는 절대 안정되지 않는다.

Do 단계의 주간 운영판(파일럿 팀 기본형)

월요일 30분(Align)

- Goal Sheet 업데이트(Top 3, 의존성, Stop) 화/목(Act)
- 결정 회의는 Decide로 묶고 Decision Log 기록 금요일 30분 (Review, Archive)
- Performance Sheet: 결과 1줄+증거 3개+다음 행동 1개

포인트

- 회의는 줄이기 전에 '목적·산출물'부터 고정한다.
- 문서는 만들기 전에 '어디에 두고, 언제 업데이트할지'부터 고정 한다.

Do 단계에서 Post-Mortem(회고)은 '문화'가 아니라 '운영'이다

A4를 도입할 때 많은 조직이 망설이는 지점이 있다.

"실패를 어떻게 다루지?"

요약하면, 책임 추궁이 아니라 재발 방지 학습을 위한 회고다. 이 원칙이 있어야 구성원은 숨기지 않고 사실을 꺼내고, 시스템을 개선 하는 액션이 남는다.[10] Google SRE는 장애·사고 이후 회고(Post-Mortem)를 할 때 '누가 잘못했는가'보다 '무슨 조건과 흐름이 이런 결과를 만들었는가'를 먼저 묻는 학습 중심 원칙을 강조한다.

비난 금지·학습 중심 회고의 전제는 간단하다. 사람을 평가하지 않고, "그때 가진 정보 안에서 최선을 다했다"는 가정 위에서 시스템의 기여 요인을 찾아 다음 재발을 줄인다.[10]

이 원칙은 비IT 조직에도 그대로 적용된다. 사람을 바꾸려 하지 말

고, 조건·절차·의존성·결정 구조를 바꾸는 것이 핵심이다.

6. 9-12주 Embed: A5(리더 루틴)로 굳히고 확산 구조 만들기

Do 단계가 '팀이 스스로 굴러가게' 만든다면, Embed 단계는 '리더가 있을수록 더 좋아지게' 만든다.

여기서 도입해야 할 것은 2가지다.

① 리더 루틴(A5)

② 확산·유지 보수 구조(전사 OS 운영 체계)

A5 도입: CFR Log+1on1을 '정기화'하라

1on1이 실패하는 가장 흔한 이유는 '의지 부족'이 아니다. 형식과 리듬이 없어서다.

Google re:Work는 1on1을 운영할 때, '일정한 시간(매주·격주, 30~60분)'을 잡고, '공유 아젠다 문서(shared agenda document)'를 만들며, 매니저와 팀원이 함께 아젠다를 채우라고 권한다.

Embed 단계에서 해야 할 일은 단순하다.

파일럿 리더 1~2명이 CFR Log(3줄)을 4주만 누적한다. 또한 1on1을 '보고'가 아니라 성과·성장·관계로 분리해 운영한다(9장 내용 적용).

그리고 이 루틴이 붙는 순간, OS는 '지속 가능'해진다.

확산 구조: '전사 도입'이 아니라 '셀 분열'로 확산하라

전사 확산은 보통 두 가지 방식으로 실패한다.

- 위에서 '전사 도입'으로 밀어붙인다. → 현장은 방어한다.
- 파일럿이 잘됐는데 '그 팀이 잘해서'로 끝난다. → 확산이 안 된다.

그래서 Embed에서는 확산을 구조화해야 한다.

확산의 최소 구조(권장)

- 운영 체계 책임자(1명): 템플릿·루프·지표·개선 노트 총괄
- OS 추진 담당자(팀당 1명): 팀의 루프를 지키는 운영 담당
- 스폰서(1명): Stop·우선순위 제한·결정 구조 변경 승인

확산 단위(가장 현실적인 방식)

- 파일럿 팀 1개 → 인접 팀 1개 → 협업 부서 1개
- 이렇게 '의존 관계'를 따라 확산하면 속도가 난다. (왜냐하면 협업 경계가 바뀌어야 진짜 효과가 나기 때문이다.)

Embed의 산출물: '개선 노트' 1페이지

12주차에 반드시 남겨야 할 문서는 단 하나다.

'OS Patch Notes(운영 체계 변경 이력) 1페이지'.

이 문서가 없으면, 90일의 학습은 사라지고 다음 분기에 다시 처음부터 한다.

개선 노트에 들어갈 최소 항목

- 바꾼 것 3개(회의, 결정, 문서, 리듬)
- 없앤 것 3개(저가치 회의, 불필요 보고 등)
- 유지할 것 3개(절대 지킬 기본값)
- 다음 90일에 개선할 것 1개

7. 가장 흔한 실패(문서만 만들고 안 굴림) 방지 장치 6개

여기부터는 '경험적으로' 가장 중요하다. OS는 늘 같은 방식으로 망한다. 그리고 같은 방식으로 살릴 수 있다.

방지 장치 1: 캘린더 락이 1순위 산출물이다

- 문서를 먼저 만들면 무조건 '나중에' 하게 된다.
- 루프(주간 30분, 리뷰 30분, 1on1)를 먼저 고정하면 문서는 따라온다.

방지 장치 2: 템플릿 게이트: '2회전' 전에는 새 템플릿 금지

- 조직은 템플릿을 늘리는 순간 무너진다.
- '2주 연속 굴려 본 템플릿만 살아남는다.' 이 원칙 하나로 문서 폭주를 막는다.

방지 장치 3: 회의 산출물 규칙: 회의는 '기록'이 남아야 존재할 자격이 있다

- Decide면 Decision Log가 남아야 한다.

- Share면 업데이트 1페이지면 된다.
- 산출물이 없으면 그 회의는 다음 주부터 삭제 후보.

방지 장치 4: 작동 증거를 매주 하나씩 만든다(대단한 성과 말고)

- "이번 주 우리는 무엇이 달라졌나?"를 결과 1줄로 남기기
- 증거 3개(수치, 사례, 링크)로 남기기
- 이게 쌓이면 조직은 스스로 믿게 된다.

방지 장치 5: WIP 제한을 '정책'으로 만든다

Kanban Guide가 흐름 지표로 WIP와 사이클타임 등을 제시하는 이유는, 진행 중인 일(WIP)이 늘어나면 흐름이 막히고 예측이 어려워지기 때문이다. 리틀의 법칙이 주는 직관도 같다. 쌓여 있는 일이 늘면, 끝나는 시간은 늘어난다.

그래서 WIP 제한은 '팀의 결심'이 아니라 '조직의 정책'이어야 한다.

- 예: 팀 핵심 WIP 5개 초과 금지
- 예: 전사 이니셔티브 WIP 12개 초과 금지
- 새로 시작하려면 반드시 Stop·Pause 중 하나가 필요

방지 장치 6: 리더 루틴(A5)을 마지막에 '추가'하지 말고, 9주차에 '기본값'으로 고정하라

- A1~A4가 깔린 조직이 무너지는 이유는 대부분 리더의 대화가 끊기기 때문이다.
- CFR Log는 '잘하려고'가 아니라 '안 무너지려고' 한다.
- Google re:Work가 말하듯, 정기 1on1+공유 아젠다 문서만으로

도 리더십은 운영이 된다.

8. 90일 이후: 다음 1년은 '도입-운영-개선'을 반복하라

90일은 끝이 아니다. 90일은 버전 1.0 완료이다.

McKinsey는 '운영 리듬과 비즈니스 리뷰 흐름'으로 실행을 이끌고 돌발을 최소화하는지 묻는다. 즉, 조직은 리듬이 없으면 다시 흔들린다. 그래서 90일 이후 1년은 아래처럼 운영하면 된다.

다음 1년 운영(최소형)

- 매주(Weekly): 팀 루프(정렬-실행-리뷰)
- 매월(Monthly): OS 헬스체크(지표 5개, 30분)
- 매 분기(Quarterly): 개선 노트(바꿀 것, 없앨 것, 유지할 것)
- 연말(Annual): 올해 학습 자산화+내년 OS 개선 3개 결정

이 루프가 굴러가면, 조직은 더 이상 '캠페인'으로 살지 않는다. 운영 체제로 살아간다.

9. 저항 관리(Change Management): 현장의 저항을 돌파하는 리더의 답변

새로운 운영 루틴을 도입하면 '추가 업무'처럼 느껴지는 저항이 자연스럽게 발생한다. 아래 스크립트는 리더가 같은 메시지를 일관되게 전달하기 위한 최소 문장이다(상황에 맞게 조정).

현장에서 자주 나오는 말	리더 답변(예시 스크립트)
"이거 일 늘어나는 거 아닙니까?"	맞다. '기록'과 '정렬'에 10~30분이 추가되는 것처럼 보일 수 있다. 다만 우리는 지금도 같은 시간을 재확인, 재작업, 회의 재소집에 쓰고 있다. 오토메이션은 일을 '추가'하는 것이 아니라, 이미 쓰고 있는 시간을 '결과가 남는 방식'으로 재배치하는 것이다. 4주만 돌려 보고, 줄어든 회의·재작업 시간을 숫자로 확인하자.
"템플릿만 늘어나는 것 같습니다."	템플릿은 문서가 목적이 아니다. 결정-담당-기한, 우선순위-Stop-WIP, 결과-증거-학습 같은 핵심 정보를 '한 장'에 고정하기 위한 최소 형식이다. 우리는 1) 한 장으로 줄이고, 2) 4주만 운영해 보고, 3) 실제 속도가 빨라지면 유지하고 그렇지 않으면 폐기하겠다. '채택·폐기'를 4주 뒤에 같이 결정하자.
"너무 삭막합니다. 사람 이야기가 사라질까 봐요."	운영 루틴의 목적은 분위기를 차갑게 만드는 것이 아니라, 기준과 예측 가능성을 높여 불필요한 감정 소모를 줄이는 것이다. 기준이 없으면 오히려 관계가 사람·상황에 따라 흔들린다. 루틴은 관계를 대체하는 게 아니라, 관계가 건강하게 작동하도록 '마찰'을 줄이는 장치다. 그래서 A5(인정·피드백) 루틴을 반드시 같이 넣는다.
"지금도 바빠서 못 합니다."	그래서 더 작게 시작한다. 전부 다 하지 않는다. A5 진단지에서 점수가 가장 낮은 '한 장치'만 선택해 4주만 돌리자. 그리고 반드시 하나를 줄이겠다(Stop). 운영은 '추가'가 아니라 '교체'로 시작해야 지속된다.

핵심 정리

- 11장. U-D-E 90(Understand-Do-Embed): 90일에 운영 체계를 도입하고 정착시키는 실행 로드맵에서 가장 중요한 것은 '운영의 기본값'을 바꾸는 것이다.
- 도구는 많아 보이지만, '한 장·한 회의·한 루틴'으로 쪼개면 실행 난이도가 급격히 낮아진다.
- 문서보다 리듬(캘린더)과 반복(루틴)이 먼저 붙어야 지속된다.

10분 자가 점검

□ 0-2주 Understand에서 '혼란'을 측정 가능한 언어(문항, 지표)로 정의할 수 있습니까?

□ 3-8주 Do에서 A1~A4 중 먼저 굴릴 1~2개를 선택했습니까? (왜 그 순서입니까?)

□ 템플릿을 만드는 것과 루틴으로 굴리는 것 중, 우리 조직이 더 약한 쪽은 무엇입니까?

□ 9-12주 Embed에서 리더 루틴(A5)을 붙여 지속 가능하게 만들 계획이 있습니까?

□ 90일 도입을 '작게' 시작한다면, 어떤 팀·프로젝트를 파일럿으로 선택하시겠습니까?

APC(Automation Playing Coach): 도입을 '현장 실행'으로 바꾸는 플레이잉 코치

운영 시스템은 문서만으로 굳지 않는다. 팀이 A1~A5와 리듬을 '매주 실제로' 돌리기 시작할 때 비로소 오토메이션이 된다. APC는 그 전환을 돕는 역할이다.

APC는 '감시자'가 아니라, 운영 루프가 끊기지 않게 붙이는 실행 촉진자이다.

APC의 핵심 역할(7)

1) Goal Sheet 1장 업데이트를 주간 루틴에 고정한다.

2) Working Agreement로 채널·응답·회의·핸드오프 기본값을 합의한다.

3) 회의 산출물을 '결정 1줄+액션 2~3개'로 남긴다(Owner, 기한, 점검일)

4) Blocker를 24h 안에 드러내고 에스컬레이션이 작동하게 한다.

5) Performance Sheet 1장으로 월말 학습을 남긴다(성과, 증거, 학습, 다음 달 1개).

6) 이슈 후 48h 내 '학습 중심 회고'를 열고 재발 방지 액션을 확정한다.

7) 리더의 A5 루틴(1on1, CFR)이 끊기지 않게 돕는다.

투입 방식(현장 기준)

- 외부 APC: 3개월~6개월 '도입·습관화' 집중
- 내부 APC: 6개월~2년 '유지 보수·확산' 담당

APC가 빠져도 되는 신호(Exit)

- 4주 연속: Goal Sheet·Decision Log/Performance Sheet가 스스로 업데이트된다.
- Blocker가 24h 안에 공개되고, 48h 안에 조정된다.
- 리더 루틴(1on1, CFR)이 월 3회 이상 실행된다.

필자는 현장에서 외부 컨설턴트이자 조직의 일원처럼 함께 움직이며 APC 역할을 수행해 왔다. 초기 APC는 '대신해 주는 사람'이 아니라, 팀이 직접 쓰고 돌리도록 기준과 리듬을 붙들어 주는 실행 촉진자다. 운영이 자연스럽게 오토메이션 되기 시작하면, APC는 단계적으로 빠진다.

조직 내 팀장 및 예비 리더의 APC 역량을 높이는 것을 권장한다.

고성과몰입 조직을 위한 H조직의 오토메이션

※ H조직 사례는 복수의 현장 경험을 익명화해 재구성한 통합 사례다.

H조직은 직원 300명 규모의 성장 조직이다. OKR도 쓰고, 협업 툴도 도입했고, 애자일 스프린트도 부분적으로 운영했다. 그런데도 '바쁜데 성과가 남지 않는다'는 감각이 반복됐다. 회의는 늘고, 결정은 남지 않았고, 진척은 흩어졌다. 좋은 시도들이 '캠페인'처럼 번졌다가 사라지며, 운영은 개인의 즉흥적 대응에 기대는 구간이 되풀이됐다.

H조직은 방향을 바꿨다. 개인의 부담을 더 늘리기보다, 혼란을 줄여 몰입이 가능해지는 운영을 만들기로 했다. 90일 동안 U-D-E 90(Understand-Do-Embed) 방식으로 A5-Loop를 도입했고, 초기에는 APC(Automation Playing Coach)가 루프가 끊기지 않게 붙으며 실행을 촉진했다.

도입 3주 차, 예상했던 반발이 터졌다. 팀장들이 "문서만 늘었다", "현장 일이 더 느려진다"며 프로젝트를 중단하자고 했다. '운영 체계'가 또 하나의 캠페인으로 끝날 수 있는 순간이었다.

그때 APC는 회의를 하나 더 만들지 않았다. 대신 '우선순위 회의

(Stop Meeting)'를 열어, 팀이 하고 있는 일 중 가치가 낮거나 당장 효과를 못 내는 업무 30%를 과감히 내려놓게 했다(Stop). 그 주에 실제로 회의 시간이 줄고, 결정이 남기 시작하자 팀장들의 반응이 바뀌었다.

"이거… 진짜네."

그 장면이 H조직의 전환점이었다.

Understand(0-2주): 혼란을 '보이는 비용'으로 번역하다

- A5 10분 운영 진단지로 고장 지점을 점수로 만들고, 팀마다 '가장 낮은 1개'만 고르기로 합의했다.
- TF의 최저 점수는 A3(결정·실행)이었다. 회의는 많지만 결정권이 불명확했고, 액션은 주인과 기한이 없었다.
- 그래서 첫 장치는 A3로 정하고, '결정-담당-기한'을 한 줄로 남기는 것을 운영의 기본값으로 삼았다.

Do(3-8주): A1~A4를 '주간 루프'로 돌리다

- 월요일 30분 정렬(Align): Goal Sheet 1장으로 목표·범위·Stop·WIP를 고정했다.
- 목요일 15분 실행 점검(Act): 지표 3개와 액션 3개만 확인하고, 막힘은 즉시 에스컬레이션 했다.
- 모든 결정은 Decision Log 한 줄로 남겼다. 말로 끝난 합의는 '없던 일'로 취급했다.
- 월말에는 Performance Sheet 1장으로 결과·증거·학습·다음 달 개선 1개를 남겼다(보고서 증식 금지).
- 이슈가 터지면 48시간 내 '학습 중심 회고' 60분을 열고, 액션

2~3개(Owner, 기한, 점검일)를 확정했다.

Embed(9-12주): A5(리더 루틴)로 기본값을 굳히다

- 9주차부터는 리더 루틴이 핵심이었다. 정기 1on1을 CFR 로그로 남기고, 피드백과 인정이 '감'이 아니라 '근거'로 쌓이게 했다.
- APC는 문서를 대신 만들지 않았다. 매주 "기록이 남았는가?"만 점검했다: Goal Sheet 1장, Decision Log, Performance Sheet 1장, CFR Log 1건.
- 기록이 쌓이자 운영이 스스로 학습하기 시작했다. 개인 역량이 아니라 템플릿과 리듬이 성과를 재현했다.

90일 이후: 도전적 OKR이 '실행 가능한 OKR'로 변한다

H조직은 OKR을 더 그럴듯하게 쓰지 않았다. 목표 문장을 고치는 대신, 목표-결정-진척-피드백이 끊기지 않게 연결했다. 그 결과 도전적 목표도 '실행 가능한 목표'가 되었다.

H조직이 고정한 10개 기본값(복사해서 쓰라)

① 이번 분기 목표는 Goal Sheet 1장으로 고정한다(성과 2~3개+Stop 2개).

② 주간 정렬은 30분이다(목표·WIP·막힘만).

③ 결정 회의에는 결정권자가 들어온다(없으면 공유 회의다).

④ 모든 결정은 Decision Log 한 줄로 남긴다.

⑤ 액션에는 Owner·기한·점검일이 없다면 '액션'이 아니다.

⑥ 팀 WIP는 3을 넘기지 않는다(새로 시작하려면 Stop 1개가 먼저다).

⑦ 월말 리뷰는 Performance Sheet 1장이다(보고서 증식 금지).

⑧ 이슈 후 48시간 내 학습 중심 회고 60분을 연다(액션 2~3개 확정).

⑨ 정기 1on1은 CFR로 남긴다(대화-피드백-인정).

⑩ 분기 말에는 다음 분기 개선 1개만 확정한다(완벽 대신 반복).

이 장면을 그대로 복사할 필요는 없다. 하지만 '기본값을 고정하는 방식'은 복사할 가치가 있다. A5 진단지에서 점수가 가장 낮은 1개를 고르고, 그 장치 1개만 4주 돌려 보라. 오토메이션은 그 순간 시작된다.

마무리하며

팀 오토메이션(Team Automation)은 사람을 자동화하는 것이 아니라, 혼란을 줄여 사람이 몰입하도록 돕는 운영 체제다

우리가 오토메이션을 도입하는 진짜 이유는 구성원을 통제하거나 과도한 부담을 전가하기 위해서가 아니다. 불필요한 인지 부하와 조정 비용을 낮추고, 개인의 추가 근무에 의존하지 않는 지속 가능한 운영을 만들기 위해서다.

이 책을 덮는 순간 '전부 다 해야 한다'는 부담이 올라올 수 있다. 하지만 운영은 한번에 바뀌지 않는다. 업종·규모·규제·인력 구성·프로젝트 성격에 따라, 조직이 가장 크게 새는 구멍도 다르다. 그래서 A5 10분 운영 진단지를 '우선순위 설정 도구'로 두었다. 점수가 가장 낮은 문항 1개를 고르고, 그 장치 1개만 4주 돌려도 충분하다.

전사 도입보다 더 빠르고 안전한 시작점은 '작은 팀, 작은 프로젝트'
다. 5~9명 규모의 팀에서 4주만 돌려도 작동 증거가 나온다. 중소기
업이나 작은 프로젝트라면 템플릿을 더 얇게(1장) 쓰고, 주간 루프(정
렬-실행-리뷰) 하나만 캘린더에 고정하는 것이 지혜다.

이미 많은 조직이 1on1, 수시 피드백, WIP 제한, 협업 툴 기반 진척
관리, 애자일 스프린트 같은 좋은 실천을 하고 있다. 이 책의 목적은
새로운 유행을 '추가'하는 것이 아니라, 흩어진 실천을 하나의 운영 루
프로 연결해 사람에 따라 흔들리지 않는 기본값으로 만드는 것이다.

AI가 일상화될수록 기록이 쌓인 팀과 그렇지 않은 팀의 격차는 더
커진다. A4(Archive)가 없으면 AI는 빈 껍데기에 가깝다. A4가 있으면
AI는 팀의 세컨드 브레인(Second Brain)이 된다. 지금 기록을 시스템
으로 만들지 않으면, AI 시대에 당신의 팀은 '학습할 데이터'를 축적하
지 못한 채 뒤처질 수 있다.

초기에는 APC(Automation Playing Coach) 역할을 권한다. APC는 감
시자가 아니라, 결정-실행-학습이 끊기지 않게 다음 액션을 붙이고,
기록을 남게 만드는 실행 촉진자다. 현장에서는 3개월 파일럿부터 2
년 수준의 정착까지, 조직의 속도와 난이도에 맞게 기간을 설계할 수
있다.

마지막으로, 세 가지 질문을 남긴다.

① 지금 우리 조직의 '혼란 비용'은 어디에서 가장 크게 새고 있는
   가?

② 다음 4주 동안, 무엇 하나를 줄이고(Stop), 무엇 하나를 고정할
   수 있는가?

③ 다음 회의에서 '결정-담당-기한'을 한 줄로 남길 수 있는가?

책을 펼칠 때 물었다. 당신의 팀은 시스템인가, 의지인가?

도입	무엇을 하면 되는가(최소)
1) 진단	운영 진단 점수로 고장 지점을 찾고, '먼저 도입할 장치 1개'만 고른다.
2) 주간 루프	주간 정렬 30분을 캘린더에 먼저 고정한다(시간이 없으면 운영은 영원히 안 바뀐다).
3) 작동 증거	2주 동안만 굴려 '작동 증거' 1개를 만든다(Performance Sheet 1장).
4) 두 번째 장치	첫 장치가 돌아가면, 그다음 장치 1개를 얹는다(욕심내지 말고 1개씩).
5) 분기 개선 노트	분기마다 개선 노트 1장을 남긴다(바꿀 것, 없앨 것, 유지할 것).

이제 책을 덮는 당신의 손에는 '의지'보다 강한 '설계도'가 들려 있다. 사람을 바꾸려 애쓰지 말라. 대신 운영을 설계하라.

목표가 한 장으로 정렬되고, 결정이 한 줄로 기록되고, 피드백이 리듬으로 반복될 때, 팀은 스스로 굴러간다.

불분명한 지시로 팀원을 야근하게 만드는 리더가 착한 리더일 수는 없다. 기준과 기대치를 칼같이 명확히 해서 칼퇴근시키는 리더가, 현실에서 가장 다정한 리더다.[34] 여기서 한 문장을 더 붙이겠다. '명확한 것이 친절한 것이다(Clear is kind).'

톱니바퀴가 맞물려 돌아가는 소리가 들리면, 리더는 '더 열심히'가 아니라 '더 명확하게' 움직이게 된다.

책을 덮는 순간, 당신의 팀은 다시 혼란스러울지 모른다. 하지만 이제 당신의 손에는 '의지'보다 강한 '설계도'가 들려 있다. 지금 당장, Decision Log 한 줄부터 시작하라. 팀 오토메이션은, 바로 그 한 줄에서 시작된다.

부록 1. 신규 입사자 7일 소프트 랜딩 가이드(온보딩 오토메이션)

시스템은 신규 입사자에서 판가름 난다. 온보딩이 구두 설명과 개인 역량에 의존하면, A5-Loop는 한 달 안에 원상 복구 된다. 아래는 팀 단위로 바로 적용할 수 있는 '7일' 최소 가이드다.

Day	핵심 목표	해야 할 일(체크리스트)
1	팀 OS 읽기	팀 Playbook(SSOT) 링크 전달 → 'A5 한 장 지도'와 Working Agreement 1페이지 읽기 → 질문 3개 적기
2	A1 적응	Goal Sheet 샘플 확인 → 본인 업무를 '성과 2개+Stop 1개'로 재작성(리더 리뷰)
3	A2 적응	협업 규칙(채널, 응답, SLA, 회의 운영) 확인 → 실무에 바로 적용할 1개 규칙 선택
4	A3 적응	Decision Log 예시 3개 읽기 → 본인이 참여한 회의 1개를 '결정 1줄'로 남기기
5	A4 적응	Performance Sheet/회고 예시 확인 → 이번 주 '증거 3개' 수집 루틴 만들기
6	A5 적응	첫 1on1 진행(15~20분) → 'Achievement, Blocker, Ask' 3문장 준비
7	루프 합류	주간 Align 미팅 참여 → WIP 3 이하 운영 방식 확인 → 다음 주 목표·막힘 1개 제안

부록 2. SOS: 시스템이 삐걱거릴 때 열어 보는 응급 키트
(The Dip 대처법)

시스템 도입 3주 차에는 'The Dip(체감 하락 구간)'이 자주 온다. 문서가 늘어난 것처럼 느껴지고, 팀장들이 "일만 늘었다"고 반발한다. 이때 포기하면 다시 구두·기억 의존으로 돌아간다. 아래 처방은 현장에서 가장 많이 쓰는 '응급 키트'다.

짧은 실패 사례가 있다. 도입 3주 차, B 팀장(가명)은 Goal Sheet와 Decision Log를 '보고 양식'처럼 채우게 했다. 팀원들은 이유를 몰랐고, 회의는 여전히 길었다. 결국 "문서만 늘었다"는 불만이 터지며 중단 직전까지 갔다. 전환점은 'Stop Meeting'이었다. 우선순위를 3개로 줄이고, 기존 업무 30%를 멈추자 그제야 팀원들이 말했다.

"이거, 진짜네요."

문서는 그 뒤에야 살아났다.

증상(현장 신호)	처방(리더 액션)
팀원들이 Decision Log를 대충 쓴다	리더가 '좋아요'로 끝내지 말고 '반려(수정 요청)'를 한다. 퀄리티 타협 금지.
회의 시간이 다시 길어진다	A2 약속(회의 원칙) 1페이지를 회의실 문·채널 상단에 고정하고, 진행자가 중간에 '지금 목적이 무엇인가'를 한 번만 묻는다.

Goal Sheet가 할 일 목록이 된다	'그래서 뭐가 남는가?' 질문으로 결과형 문장으로 다시 쓰게 하고, G1~G3만 남기고 나머지는 Stop으로 보낸다.
피드백이 다시 사라진다	CFR Log를 3줄로 줄여서라도 주간 루틴에 붙인다 ('짧게라도 끊기지 않게').
시스템 브레이커가 규칙을 무너뜨린다	개인 면담 후 Public Reset을 통해 기준을 재선언한다. 기준을 어기면 '누구든 같은 방식'으로 다룬다.

리셋 버튼: 시스템이 멈췄을 때 60초 멘트

<table>
<tr><td>

"여러분, 우리가 만든 시스템이 우리를 괴롭히고 있습니다. 오늘부로 템플릿을 줄입니다. 'Decision Log'만 남깁니다. 다시 시작합시다. 기록이 살아야 실행이 삽니다."

</td></tr>
<tr><td>

리셋 프로토콜(2주)

1) 템플릿을 '하나만' 남겨라: Decision Log.

2) 2주 동안은 '결정·담당·기한'만 지킨다(품질 타협 금지).

3) 리듬이 돌아오면 A1(Goal Sheet) → A2(Working Agreement) 순서로 다시 추가한다.

</td></tr>
</table>

부록 3. A5-Loop를 돕는 AI 프롬프트: 리더의 운영 비서로 쓰는 법

이 부록은 A5-Loop를 굴릴 때 리더가 AI(예: ChatGPT)를 '문서 비서'로 활용해 시간을 줄이는 방법을 정리한 것이다. 핵심은 AI가 만든 결과를 그대로 쓰는 것이 아니라 초안을 빠르게 만들고, 사람이 최종 판단을 내리는 흐름을 만드는 데 있다.

사용 전 체크(3가지 원칙)
• 민감 정보 보호: 개인·고객·매출·인사 정보는 익명화·요약 후 입력한다 (원문 그대로 붙여 넣지 않는다). • 출력은 '초안'이다: AI의 제안은 검토·수정 후 사용하며, 숫자·정책·규정은 원본 근거로 재확인한다. • 포맷을 먼저 고정한다: Goal Sheet/Decision Log/Performance Sheet의 '칸'을 먼저 제시하고, 그 칸에 맞춰 작성하게 한다.
Prompt 1. A1 Goal Sheet 초안(결과 중심으로 바꾸기)

- 언제: 팀의 할 일(Task)만 잔뜩 있는데 '목표(Goal)'가 안 보일 때
- 입력: 이번 주 업무 리스트+현재 우선순위·제약 조건
- 요청: (1) 결과형 Goal 1~3개(G1~G3)로 재작성 (2) 성공의 증거·완료 기준(DoD) 제안 (3) Stop 후보 1개 추천
- 프롬프트 예시: "아래는 우리 팀의 이번 주 업무 리스트다. Goal Sheet 초안을 결과 중심으로 바꿔 줘. G1~G3, 성공의 증거, 완료 기준(DoD), Owner/Support, 의존 관계, Stop 후보 1개를 포함해."+[업무 리스트 붙여넣기]

Prompt 2. A2 Working Agreement 1페이지로 압축(원격 포함)

- 언제: 협업 규칙이 '좋은 말'로만 남고, 실제로는 각자 다르게 해석될 때
- 입력: 최근 갈등·오해 사례 3개+팀이 원하는 속도·품질 기준
- 요청: 응답 시간(SLA), 회의 기본값, 긴급 기준, 갈등 시 전환 규칙(텍스트 → 통화)을 1페이지로 정리
- 프롬프트 예시: "아래는 우리 팀에서 최근 자주 터진 갈등·오해 사례다. 이를 바탕으로 1페이지 Working Agreement를 써 줘(응답 SLA, 회의 기본값, 긴급 기준, 텍스트로 길어지면 10분 통화로 전환 규칙 포함)."+[사례 붙여넣기]

Prompt 3. A3 회의 메모를 Decision Log로 변환

- 언제: 회의는 했는데 '누가, 언제까지'가 안 남아 실행이 밀릴 때
- 입력: 회의 메모(혹은 녹취 요약)+안건 목록
- 요청: 결정·담당·기한·점검일·근거(왜) 5칸으로 추출, 모호한 결정은 '결정 보류 질문'으로 되돌려주기
- 프롬프트 예시: "아래 회의 메모를 Decision Log 포맷(결정, Owner, 기한, 점검일, 근거)으로 바꿔 줘. 모호한 표현이 있으면 더 명확하게 만들기 위한 질문도 함께 써 줘."+[회의 메모 붙여넣기]

Prompt 4. A4 Performance Sheet "증거" 파트 요약

- 언제: 결과는 있는데 근거(데이터, 사실)가 흩어져 있어 리뷰가 무거워질 때
- 입력: 주간 보고, 메신저 업데이트, 지표 스냅샷(요약)+이번 주 Goal
- 요청: (1) 성과 증거 5줄 요약 (2) 반복 패턴 1개 (3) 다음 주 개선 1개 제안
- 프롬프트 예시: "아래 자료를 바탕으로 Performance Sheet의 '증거' 섹션을 5줄로 요약해 줘. 반복 패턴 1개와 다음 주 개선 1개도 제안해." +[자료 붙여 넣기]

- 언제: 피드백을 해야 하는데 문장이 과격해지거나, 반대로 흐려질 때
- 입력: 상황(사실)+영향(팀·고객에 미친 영향)+기대(다음 행동)
- 요청: Fact-Impact-Next 3문장 피드백+20분 1on1 질문 5개(CFR 포함)+ 인정 문장 1개
- 프롬프트 예시: "아래 상황을 Fact-Impact-Next 3문장으로 정리해 줘. 그리고 20분 1on1 질문 5개(CFR)와, 잘한 점을 인정하는 문장 1개도 만들어 줘."+[상황·영향·기대 붙여넣기]

AI는 '결정'을 대신하지 못한다. 하지만 '정리·변환·초안'은 빠르게 해 준다. 리더는 그 시간을 '결정의 질'과 '피드백의 빈도'에 다시 투자하면 된다.

부록 4. 팀 오토메이션 10계명(원 페이지 그라운드 룰)

1) No Sheet, No Goal. - 기록이 없으면 목표는 증발한다.

2) No Agenda, No Meeting. - 안건 없으면 회의는 취소한다.

3) No Log, No Decision. - 적지 않으면 합의는 무효다.

4) One Owner, One Due. - 담당 1명·기한 1개로 끝낸다.

5) Stop before Add. - 새 일을 더하기 전, 멈출 일을 먼저 정한다.

6) WIP is a limit, not a wish. - 동시 진행 상한(WIP)을 정해 흐름을 지킨다.

7) Default to async. - 가능하면 비동기, 꼭 필요할 때만 회의한다.

8) Data over volume. - 목소리 크기보다 데이터와 근거로 말한다.

9) Blame the System, Not the Person. - 사람 탓 대신 프로세스를 고친다.

10) Close the loop. - 결정·실행·학습을 한 바퀴로 닫는다.

부록 5. APC(Automation Playing Coach): 도입·정착을 돕는 실행 코치 모델

"강의는 하루 만에 휘발되지만, 시스템은 성과를 반복합니다."

조직은 최신 도구와 교육에 투자해도, 한 달 뒤면 다시 구두 보고와 위계에 의존하는 예전 방식으로 돌아가곤 한다. 운영 체제(OS)를 바꾸지 않고 '앱(App)'만 설치했기 때문이다. APC는 현장에서 팀과 함께 뛰며 A5-Loop 운영 체계를 90일(U-D-E 90) 안에 정착시키는 실행 코치 모델이다. 이 부록은 그 역할과 활용 방식을 간단히 정리한 것이다.

APC란?	Automation Playing Coach. 뒤에서 지시만 내리는 관리자가 아니라, 현장에서 병목을 진단하고 A1~A5 운영 장치를 이식해 운영이 실제로 굴러가게 만드는 실행형 코치·컨설턴트.
모델의 목적	일회성 교육을 넘어, 조직에 A5-Loop 운영 체계를 90일(U-D-E 90) 안에 정착시키는 실행형 코치 역할을 이해하고 설계한다.
누가 활용하면 좋은가?	① 장기 컨설팅 파트너로 진화하고 싶은 전문 강사·코치 ② OKR·애자일 도입 실패를 겪고 돌파구가 필요한 HR·조직 문화 리더 ③ 스스로 움직이는 몰입 조직을 만들고 싶은 스타트업·성장 기업 C-Level ④ 조직의 성과와 성장을 견인하는 모든 팀 리더

무엇을 갖추게 되나(4대 무기)?	① 10분 진단 툴(Automation Score): T·L·E 고장 지점을 수치화해 처방 ② 1장 템플릿 6종 운영: Goal Sheet, Working Agreement, Decision Log, Performance Sheet, Post-Mortem, CFR Log ③ 리더십 시스템 설계: CFR 루틴 셋업+'시스템 브레이커' 대처 스크립트 ④ 90일 정착 플레이북: 3주차 저항(The Dip) 리셋 프로토콜+방어 멘트
투입 방식 (현장 기준)	• 외부 APC: 3개월~6개월 '도입·습관화' 집중 • 내부 APC: 6개월~2년 '유지 보수·확산' 담당
참고/문의	관련 자료 및 문의: www.spurtnow.co.kr | happy@spurtnow.co.kr

부록 6. 팀 오토메이션 핵심 용어 사전(APC 코치용)

조직의 혼란을 줄이는 첫걸음은 구성원 모두가 '같은 언어'를 쓰는 데서 시작한다. 아래 용어는 팀 오토메이션과 APC 현장에서 반드시 통일해야 할 핵심 운영 언어다.

용어	정의(한 줄)
핵심 철학과 운영 모델	
Team Automation(팀 오토메이션)	리더의 개인기나 열정에 의존하지 않고, 합의된 템플릿과 규칙(A5-Loop)으로 성과가 반복되도록 만드는 운영 체계.
A5-Loop	Align·Agree·Act·Archive·Appreciate 5장치와 주간·분기·연간 루프를 결합한 '팀 운영 체계(OS)' 모델.
APC(Automation Playing Coach)	현장에서 팀과 함께 뛰며(Playing) 병목을 진단하고 운영 시스템을 정착(Automation)시키는 실전형 코치·컨설턴트.
U-D-E 90	90일 정착 로드맵: Understand(0~2주), Do(3~8주), Embed(9~12주).
The Dip(딥)	도입 3주 차에 나타나는 저항·혼선 구간. 실패가 아니라 필연적 과정이며 '리셋 버튼'이 필요하다.
정렬과 목표(OKR·A1)	
OKR(Objectives&Key Results)	목표(Objective)와 핵심 결과(Key Result)로 '무엇을 바꿀 것인가(Outcome)'와 '성공의 증거(KR)'를 연결하는 목표 체계.

Objective(목표)	'무슨 상태가 되려는가'를 한 문장으로 선언한다. 수단(Task)이 아니라 결과(Outcome)의 방향이어야 한다.
Key Result(KR)	Objective 달성 여부를 판정할 수 있는 '필요충분조건'에 가까운 성공의 증거. 할 일(Task) 목록이 아니다.
Necessary&Sufficient(필요충분)	이 KR들을 달성하면 Objective가 달성되었다고 '무조건' 말할 수 있는 구조인지 점검하는 기준.
Challenge(도전성)	현 방식(Status Quo)으로도 가능한 목표가 아니라, 방식·구조를 바꿔야만 가능한 수준의 목표.
Contribution(기여도)	팀 내부 만족이 아니라 전사·고객·비즈니스에 실제로 남긴 임팩트(Impact).
Real Performance(리얼 성과)	달성률(%) 놀이가 아니라 '도전성×기여도'로 측정되는 진짜 임팩트.

규칙과 템플릿(A2)	
Goal Sheet	기간 목표를 1장으로 정리하는 시트. 상위 목표(Alignment)·결과(Outcome)·완료 기준·Owner·리스크가 한눈에 보이게 만든다.
Working Agreement	팀이 합의한 협업 규칙(회의, 커뮤니케이션, 금지 행동 등). 문서가 아니라 '운영 연결'로 작동해야 한다.
DoD(Definition of Done)	'이 정도면 끝'이라고 모두가 동의할 수 있는 객관적 완료 기준.
SLA(Service Level Agreement)	요청을 받았을 때 언제까지 1차 응답·처리를 하겠다는 상호 기준선.
Ticket 4줄	협업 요청 4요소: ① 배경(Why) ② 요청(What) ③ 기한(Due) ④ 완료 기준(DoD).
WIP(Work In Progress)	진행 중인 핵심 업무의 총량. WIP 한도를 넘으면 병목이 생기므로 'Stop'이 필요하다.
Owner	업무·결정의 최종 책임을 지는 실명 1인. '팀·부서'를 적는 순간 책임이 사라진다.

Sponsor	상위 리더. 목표가 상위 목표와 정렬되는지(Alignment) 확인하고, 필요한 자원·결정을 제공하며 장애물을 제거한다.
1on1	리더-팀원의 정기 대화 루틴. '상태 점검'이 아니라 성장·피드백·정렬을 위한 운영 장치.
실행과 축적(A3·A4·A5)	
Decision Log	회의가 끝날 때 남기는 한 줄(또는 1장) 결정 기록: 누가, 언제까지, 무엇을, 어떤 기준으로.
SSOT(Single Source of Truth)	팀의 최신 목표·규칙·데이터가 모이는 '유일한 공식 링크'. "최종본이 뭔가요?"를 없앤다.
Comms Doc	프로젝트·협업의 배경·결정·진척·리스크를 한곳에서 공유하는 소통 문서. 초안부터 공개해 '열린' 협업을 만든다.
Post-Mortem	사고·실패 후 사람을 탓하지 않고 시스템·프로세스의 구멍을 찾아 재발 방지 액션을 도출하는 비난 없는 회고.
Performance Sheet	성과를 '보고'가 아니라 증거·학습으로 남기는 1페이지 장치. 반복되는 패턴을 찾아 다음 개선으로 연결한다.
CFR(Conversation·Feedback·Recognition)	1on1의 핵심 3요소. 피드백은 과거 평가가 아니라 미래 행동의 성공 확률을 높이는 제안(Feedforward)이어야 한다.
CFR Log	1on1 대화·피드백·인정을 기록해 성장을 시스템으로 만든다.
Feedforward	과거의 잘잘못을 심판하는 피드백이 아니라, 다음 행동의 성공 확률을 높이는 미래지향 제안.

참고·출처(핵심 인용)

※ 인용·참고 안내: 본문에는 이해를 돕기 위해 학술·업계 자료의 핵심 개념을 요약·의역하여 반영했다. 직접 인용이 필요한 경우에는 최소 범위로 표시하고, 말미에 출처를 정리했다. Google, Atlassian, Microsoft, McKinsey, Jira, Confluence 등은 각 소유자의 상표·서비스명이며, 본 책은 해당 회사들의 공식 입장을 대변하지 않는다.

[1] Microsoft WorkLab, "Breaking down the infinite workday", Work Trend Index Special Report, 2025-06-17.

[2] Microsoft WorkLab, "Research Proves Your Brain Needs Breaks", Work Trend Index Special Report, 2021-04-20.

[3] American Psychological Association(APA), "Multitasking: Switching costs", 웹페이지, 연도 미상(n.d.). (검색어: APA Multitasking Switching costs)

[4] Mark, G., Iqbal, S., Czerwinski, M., Johns, P.,&Sano, A., "Focused, Aroused, but so Distractible: Temporal Perspectives on Multitasking and Communications", Proceedings of CHI 2015, 2015. DOI:

10.1145/2675133.2675221.

[5] McKinsey&Company, "Reimagine decision making to improve speed and quality", 2020-09-14.

[6] McKinsey&Company, "The CEO checklist: Questions every leader should answer", 2024-11-13.

[7] McKinsey&Company, "How many people are really needed in a transformation?", McKinsey, 연도 미상(n.d.). (36,000개 이니셔티브 분석 및 WIP 한계)

[8] Gallup, "Is your employee recognition really authentic?", 2023-07-18. (Workhuman 공동 리서치 요약 포함)

[9] UC Berkeley People&Culture, "Steps for managing a reorganization" 및 관련 커뮤니케이션 가이드, 웹페이지, 연도 미상(n.d.).

[10] Google, Site Reliability Engineering(SRE) book, "Postmortem Culture: Learning from Failure", 2016.

[11] Karl Sigman(Columbia University), "Little's Law", lecture notes, 연도 미상 (n.d.).

[12] Adler, P. S.,&Borys, B. (1996). Two Types of Bureaucracy: Enabling and Coercive. Administrative Science Quarterly.

[13] Amy C. Edmondson, "Strategies for Learning from Failure", Harvard Business Review, 2011-04.

[14] Google re:Work, Project Aristotle / team effectiveness resources, 웹페이지, 연도 미상(n.d.).

[15] Atlassian Incident Management Handbook(Post-Mortem 정의) 및 Etsy Code as Craft(John Allspaw), "비난 금지·학습 중심 Post-Mortems and a Just Culture", 2012-05-22.

[16] Claire Hughes Johnson, Scaling People: Tactics for Management and Company Building, Stripe Press, 2023.

[17] 삼성전자 지속가능경영, "업무 성과 관리 프로세스"(연중 수시 피드백/1on1 수시 코칭), 업데이트 2025-06-27.

[18] Adobe, "Check-in"(연간 평가를 연중 대화로 전환한 사례), 웹페이지, 연도 미상

(n.d.). (접속일: 2026-01-21)

[19] Reed Hastings&Erin Meyer, No Rules Rules: Netflix and the Culture of Reinvention, 2020. (Context, not Control 관점)

[20] GitLab Handbook (Handbook-first / Single Source of Truth), 웹페이지, 연도 미상(n.d.). (접속일: 2026-01-24)

[21] Colin Bryar&Bill Carr, Working Backwards: Insights, Stories, and Secrets from Inside Amazon, 2021. (네러티브 메모/회의 운영 관행)

[22] "우아한형제들에서 PM끼리 소통하는 법- 카르페피엠", 우아한테크블로그, 2023.08.03. (접속일: 2026-01-24)(https://techblog.woowahan.com/11642/)

[23] Atlassian, Workplace Woes: Meetings Edition(Time Wasting at Work) 등 회의 생산성 관련 공개 자료, 웹페이지, 연도 미상(n.d.). (접속일: 2026-01-24)

[24] Housman, M.,&Minor, D., "Toxic Workers", Harvard Business School Working Paper 16-057, 2015.

[25] Harvard Gazette(Christina Pazzanese), "Beware of those toxic co-workers", 2015-11-30.

[26] Arnsten, A.F.T. (2009). Stress signalling pathways that impair prefrontal cortex structure and function. Nature Reviews Neuroscience.

[27] Grupe, D.W.&Nitschke, J.B. (2013). Uncertainty and anticipation in anxiety: an integrated neurobiological and psychological perspective. (PMC/Review).

[28] Goldsmith, M., "Try Feedforward Instead of Feedback"(Feedforward 개념), 웹 칼럼, 연도 미상(n.d.). (검색어: Try Feedforward Instead of Feedback Goldsmith)

[29] Sperry, M.K.P. et al. (2025). Hybrid and remote team chartering: Creating clarity in an increasingly virtual world. Organizational Dynamics, 54(4), 101172. DOI: 10.1016/j.orgdyn.2025.101172.

[30] Sweller, J. (1988). Cognitive load during problem solving: Effects on learning. Cognitive Science, 12(2), 257-285.

[31] IT Revolution, "Team Cognitive Load: The Hidden Crisis in Modern

Tech Organizations", 2024-12-16. (검색어: IT Revolution Team Cognitive Load Hidden Crisis) (접속일: 2026-01-26)

[32] Kahneman, D., Sibony, O.,&Sunstein, C. R. (2021). Noise: A Flaw in Human Judgment. Little, Brown Spark. (Decision hygiene)

[33] Skelton, Matthew&Pais, Manuel. Team Topologies: Organizing Business and Technology Teams for Fast Flow. 2019.

[34] Brown, Brené. Dare to Lead: Brave Work. Tough Conversations. Whole Hearts. 2018. (Clear is kind)